Nicht nur das Leben, auch die Liebe konfrontiert uns häufig mit moralischen Fragen: Wem gehören Liebesbriefe – dem Absender oder dem Empfänger? Darf man einen Orgasmus faken? Darf man eine Scheidung feiern? Darf eine emanzipierte Frau auf einen »echten Kerl« stehen? Darf man ein »Ich liebe dich« einfordern?

Niemand kennt sich auf dem Gebiet der moralischen Alltagsfragen besser aus als Rainer Erlinger. Seit vielen Jahren beantwortet er wöchentlich in seiner Kolumne »Die Gewissensfrage« im Magazin der »Süddeutschen Zeitung« Zuschriften von Leserinnen und Lesern, die ihn um Rat fragen. Eine Auswahl der besten Fragen und Antworten rund um Liebe und Leben ist hier versammelt.

Der moralische Kompass durch den Alltag.

*Rainer Erlinger*, geboren 1965, ist promovierter Mediziner und Jurist. Nach seinen Tätigkeiten als wissenschaftlicher Mitarbeiter, Arzt und Rechtsanwalt arbeitet er jetzt als Publizist, vor allem auf dem Gebiet der Ethik. Einem großen Publikum ist er durch seine Kolumne »Die Gewissensfrage« im Magazin der Süddeutschen Zeitung bekannt geworden, in der er allwöchentlich die kleinen und großen Ethikprobleme seiner Leser erörtert. Im S. Fischer Verlag sind zuletzt erschienen ›Höflichkeit. Vom Wert einer wertlosen Tugend‹ (2016), ›Moral. Wie man richtig gut lebt‹ (2012) sowie im Fischer Taschenbuch Verlag ›Gewissensbisse. Antworten auf moralische Fragen des Alltags‹ (2011) und ›Nachdenken über Moral. Gewissensfragen auf den Grund gegangen‹ (2012).

*Weitere Informationen finden Sie auf www.fischerverlage.de*

Rainer Erlinger

# Wie umwerfend darf ein Lächeln sein?

111 Gewissensfragen
rund um die Liebe und
das Leben

FISCHER Taschenbuch

Originalausgabe

Erschienen bei FISCHER Taschenbuch
Frankfurt am Main, August 2018

© 2018 S. Fischer Verlag GmbH, Hedderichstr. 114,
D-60596 Frankfurt am Main

Satz: pagina GmbH, Tübingen
Druck und Bindung: CPI books GmbH, Leck
Printed in Germany
ISBN 978-3-596-03694-3

# Inhalt

# Vorwort

»Wie umwerfend darf ein Lächeln sein?« Die Frage spannt im Grunde schon alles auf. Denn man kann sie unterschiedlich lesen, auf zwei Arten, die sich an zwei Bedeutungen des Wortes Lächeln festmachen lassen. Man kann unter einem Lächeln, speziell unter einem umwerfenden Lächeln, eine Art Sache verstehen, eine Gegebenheit, etwas, das jemand hat, mitbekommen hat. Von wem auch immer. Dann würde sich die Frage, wie umwerfend es sein darf, an diejenige Macht oder denjenigen Mechanismus stellen, der, die oder das dieses Lächeln geschaffen hat. Darf man ein derartiges, womöglich gefährliches Lächeln – im Englischen heißt es nicht umsonst »Killer smile« – in die Welt setzen und jemandem geben, der es vielleicht nicht nur in guter Weise einsetzt? Und ist es gerecht, dieses Lächeln nur manchen zu geben, anderen aber nicht?

Oder man versteht darunter Lächeln als Tätigkeit. To smile or not to smile – lächeln oder nicht lächeln, das wäre dann die Frage. Denn wem immer dieses Lächeln gegeben wurde, der oder die hat die Fähigkeit zu diesem Lächeln bekommen und damit die Entscheidung darüber, zu lächeln oder nicht zu lächeln, diese Fähigkeit einzusetzen oder nicht. Andere damit umzuwerfen oder nicht. Sich Gefälligkeiten oder gar das Herz eines oder einer anderen zu erlächeln, vielleicht sogar ganz bewusst und gezielt. Und dann spannt diese Frage wirklich alles auf, nämlich den Unterschied zwischen Können und Dürfen, das eigentliche Feld der Moral.

Über 16 Jahre gibt es mittlerweile die Kolumne »Die Gewissensfrage« im Magazin der *Süddeutschen Zeitung*. Jede Woche werden dort Leserfragen zur Alltagsmoral beantwortet. Dieser Band beinhaltet eine Auswahl davon. Und, wie der Titel des Buches ahnen lässt, mit einem Schwerpunkt: Liebe und Partnerschaft. Er umfasst fast die Hälfte dieses Buches.

Allerdings könnten da erste Zweifel aufkommen. Die Frage »Soll ich lieben?« scheint unsinnig, dabei ist das »Sollen« doch der eigentliche Kern moralischer Überlegungen. Schon Immanuel Kant, sonst ein großer Freund von Pflichten, hatte die Idee ausdrücklich verworfen, dass es eine Pflicht zur Liebe geben könnte: »Liebe ist eine Sache der Empfindung, nicht des Wollens, und ich kann nicht lieben, weil ich will, noch weniger aber, weil ich soll (zur Liebe genöthigt werden); mithin ist eine Pflicht zu lieben ein Unding.«

»Darf ich lieben?« scheint schon weniger unsinnig, hat aber auch ein Problem: Was macht man, wenn die Antwort »nein« lautet? Liebt man dann einfach nicht? Oder trotzdem? Auch hier gilt: Die Liebe ist ein Gefühl, und Gefühle lassen sich nur schwer oder gar nicht kontrollieren. Kann es deshalb unmoralisch sein zu lieben? Darf man deshalb aus Liebe oder für die Liebe alles tun? Gemäß dem Sprichwort »All is fair in love and war« – »Im Krieg und in der Liebe sind alle Tricks erlaubt«. Dass das nicht so allgemein gelten kann, mag hier schon mancher ahnen, es lauern also die ersten Probleme. Genaueres zur Reichweite, aber auch zur Herkunft dieses Sprichworts auf S. 17.

Dass die Liebe sehr wohl ihre Probleme verursacht, das weiß nicht nur jeder aus dem eigenen Leben. Literatur, Film, Oper, fast alle Kunstgattungen befassen sich damit. Liebesromane wären nach ein paar Seiten zu Ende, gäbe es nicht Verwicklungen zuhauf, »Liebesdrama« ist ein feststehender Begriff. Man ahnt schon, das Thema Liebe bietet nicht nur reichlich Rührstoff oder Grund für Freude wie für Tränen, sondern auch Anlässe genug zum Nachdenken. Auch in moralischer Hinsicht.

»111 Gewissensfragen rund um die Liebe und das Leben« lautet der Untertitel des Buches – mit Absicht: »rund um«. Denn auch wenn die Liebe als Gefühl sich vielleicht der moralischen Beurteilung entzieht, das, was mit ihr zusammenhängt, wie man sich verhält, tut es nicht. Einerseits mag mancher Liebeskranke nicht wirklich zurechnungsfähig sein (siehe S. 22), andererseits entstehen durch das Band der Liebe besondere Verpflichtungen. In vielerlei Hinsicht. Die Verpflichtung, dem Partner oder der Partnerin treu zu sein, ist nur eine mögliche davon, aber offenbar so wichtig und deshalb so häufig Gegenstand von Fragen, dass den Problemen, die in diesem Bereich auftreten können, ein eigenes Kapitel gewidmet ist (siehe »Eifersucht und Seitensprung« S. 67).

Generell lassen sich die Fragen rund um die Liebe vier größeren Themenbereichen zuordnen: 1. Die Anbahnung: Suchen, Rendezvous, Flirts, Verlieben. 2. Der Lauf einer Partnerschaft mit ihren Licht- und Schattenseiten. 3. Die schon genannten besonderen Schattenseiten Seitensprung und Eifersucht. 4. Die Nachwirkungen einer Beziehung.

Dass dieser vierte Bereich, die Nachwirkungen einer oftmals gescheiterten Beziehung, einen relativ großen Raum einnimmt (siehe S. 87–114), ist bei genauerem Nachdenken nicht verwunderlich. Natürlich werden die Reibungen größer, wenn keine Liebe mehr da ist. Und oft gab oder gibt es Verletzungen, die ein richtiges Verhalten schwieriger machen. Schon Freiherr von Knigge hatte das erkannt und mahnte deshalb für den Umgang mit »Ex«:

»Haben Liebe und Vertraulichkeit Dich an ein Geschöpf gekettet und Eure Bande würden getrennt, sei es nun durch Schicksale, Untreue und Leichtfertigkeit des einen Teils oder durch andre Umstände, so handle nach dem Bruche, oder wenn die Verbindung sonst aufhört, nie unedel!«

Mehr als 16 Jahre gibt es die Kolumne also schon, und Fragen rund um die Liebe gab es von Anfang an. Deshalb habe ich manche Klassiker schon sehr früh beantwortet. Darunter zum Beispiel eine Frage, die immer wieder kommt: Wie antwortet man auf die Frage: Bin ich zu dick (S. 48)? Und andere mehr. Eine Sammlung mit dem Schwerpunkt Liebe wäre unvollständig, wenn sie und andere Klassiker nicht enthalten wären. Deshalb habe ich sie mit aufgenommen.

Die Liebe ist nicht alles, deshalb enthält das Buch auch Fragen zur Alltagsmoral aus anderen Lebensbereichen: Umwelt und Tiere, Körper und Gesundheit, Wirtschaften und Geld, Verkehr, Kultur und Medien, das Miteinander und Verschiedenes.

Aber mit der Liebe und deren Beginn soll auch das Buch beginnen.

# Schmetterlinge im Bauch

## Über Sich Finden und Zusammenkommen

*»Ein Bekannter hat zwei gefährliche ›Waffen‹: strahlende Augen und ein umwerfendes Lächeln. Er weiß um die Wirkung dieser Eigenschaften auf Frauen. Muss er sich zurücknehmen, um keine übersteigerten Erwartungen zu schüren? Oder ist es an den Frauen, sich vor eventuellen Enttäuschungen zu schützen?«*          Heike R., Köln

In David Foster Wallace' Monumental-Roman *Unendlicher Spaß* gibt es die Figur der Joelle Van Dyne, genannt Madame Psychosis, die der »Liga der Absolut Rüde Verunstalteten und Entstellten«, kurz L. A. R. V. E. angehört und deshalb ständig einen Schleier trägt. An einer Stelle erklärt sie jedoch, dass der wahre Grund für die Verschleierung bei ihr ein ganz anderer sei: »Don, ich bin vollkommen. Ich bin dermaßen schön, dass ich jeden fühlenden Menschen ganz einfach um den Verstand bringe.«

So schlimm ist es bei Ihrem Bekannten hoffentlich nicht, andererseits ist wohl jeder schon einmal unter einem derart strahlenden Blick zu einem leicht formbaren Klumpen weichen Wachses geworden. Es kann daher tatsächlich gefährlich für das Gegenüber werden.

Auch der Dichter Gustav von Aschenbach in Thomas Manns Novelle *Der Tod in Venedig* geht an der Schönheit des von ihm begehrten, aber unerreichbaren Knaben Tadzio zugrunde. Dort, bei Thomas Mann, findet man aber auch eine Stelle, die zur Lösung Ihrer Frage weist. Tadzio hat wohl die Blicke Aschenbachs bemerkt, und eines Tages lächelt er ihn an, »sprechend, vertraut, liebreizend und unverhohlen, mit Lippen, die sich im Lächeln erst langsam öffneten«. Mann lässt die Erklärung folgen: »Es war das Lächeln des Narziß, der sich über das spiegelnde Wasser neigt, jenes tiefe, bezauberte, hingezogene Lächeln, mit dem er nach dem Widerschcin der eigenen Schönheit die Arme streckt.«

Das trifft den entscheidenden Punkt: In der Angewohnheit, jeden Menschen mit einer vollen Breitseite seines Charmes unter Feuer zu nehmen, dürfte ein gerüttelt Maß an Narzissmus stecken. Und Aschenbach, wiewohl oder gerade weil der narzisstischen Schönheit bereits verfallen, weiß auch die Antwort: »Du darfst so nicht lächeln! Höre, man darf so niemandem lächeln!«

*Quellen:*

David Foster Wallace, Unendlicher Spaß, aus dem amerikanischen Englisch kongenial übersetzt von Ulrich Blumenbach, Verlag Kiepenheuer & Witsch, Köln 2009. Die Stellen zu Joelle Van Dyne und der Gesellschaft L. A. R. V. E. finden sich in der Hardcoverausgabe auf den Seiten 769, 775 und 1351.

Im Englischen heißt die Gesellschaft »Union of the Hideously and Improbably Deformed« U. H. I. D., die Textstellen finden sich auf den Seiten 533, 538 und 940.

Da der Roman nicht nur umfangreich, sondern auch komplex ist, kann es hilfreich sein, zusätzliche Informationen zu Autor und Roman zu lesen, zum Beispiel in: Stephen Burn, David Foster Wallace's Infinite Jest: A Reader's Guide, The Continuum International Publishing Group, New York / London 2003

Thomas Mann, Der Tod in Venedig, Fischer Taschenbuch Verlag, Frankfurt am Main 1977, S. 48

*»Über ein Internet-Dating-Portal habe ich, 76, eine Frau kennengelernt, die sich als 76 Jahre alt vorstellte. Wir haben uns zweimal gesehen und gut verstanden. Nun hat sie gestanden, dass sie sich um drei Jahre jünger gemacht hat. Mich stört das, weil ich mir nach dem frühen Tod meiner Frau eine jüngere Partnerin gewünscht hätte und es sich um eine Lüge handelt. Wie soll ich mich verhalten?«*                    *Hans M., München*

Hier scheinen sich verschiedene Fragen zu überlagern. Die erste Frage ist, ob die Dame und Sie einander sympathisch finden und eine Anziehung verspüren. Denn das ist meines Erachtens die wichtigste Frage dafür, ob man die Bekanntschaft vertiefen will. Die zweite Frage ist, ob es etwas ausmacht, dass die Dame drei Jahre älter ist. Die Abweichung des biologischen und geistigen Alters gegenüber dem numerischen Alter ist individuell so unterschiedlich – und die Dame ist, wenn Sie das wahre Alter nicht bemerkt haben, offensichtlich biologisch und mental jünger –, dass ich es für unsinnig halte, sich am numerischen Alter festzuklammern. Noch dazu, wenn die Abweichung weniger als vier Prozent beträgt. Und obwohl man Ihren Wunsch nach einer jüngeren Partnerin nach dem Verlust Ihrer Frau verstehen kann, halte ich ihn für zumindest ein bisschen egoistisch der neuen Partnerin gegenüber.

Die dritte Frage lautet, ob die Lüge relevant ist. Wenn

Sie auf diesem Gebiet sehr streng sind, ist das natürlich ein Argument, das gegen eine weitere Annäherung spricht. Allerdings erschiene mir, obwohl ich tendenziell auch eher streng auf diesem Gebiet bin, die Lüge hier nicht so schlimm. Man kann das charmant begründen damit, dass es ein Gewohnheitsrecht der Frauen gibt, über ihr Alter zu täuschen. Dieses Gewohnheitsrecht findet eine moralische Begründung darin, dass das Alter bei den Frauen traditionell stärker beachtet und ein höheres Alter negativer bewertet wird als bei Männern, was eine geschlechtsbezogene Ungerechtigkeit darstellt, gegen die sich Frauen wehren dürfen. Oder man erkennt an, dass heute jeder jünger sein will und es deshalb sozial üblich ist, sich jünger zu machen. Man empfindet es nicht als vorwerfbare Lüge, sich die Haare zu färben, und das hier ist so etwas wie Geburtsdatum-Färben.

*Literatur:*

Sehr gute Ausführungen zum Recht, zum Schutz der Privatsphäre zu lügen, finden sich bei:

Simone Dietz, Die Kunst des Lügens, Rowohlt Taschenbuch Verlag, Reinbek bei Hamburg 2003. Ein insgesamt sehr empfehlenswertes Buch zum Thema Lüge – Dietz bezieht sich dabei auch auf: Arthur Schopenhauer, Preisschrift über die Grundlage der Moral, Neuausgabe im Meiner Verlag 2006.

Einen Überblick bietet:

»Wer einmal lügt ... Über Lüge und Wahrheit«, in: Rainer Erlinger, Nachdenken über Moral. Gewissensfragen auf den Grund gegangen, Fischer Taschenbuch Verlag, Frankfurt am Main 2012, S. 13–46

*»Ich habe mich ziemlich heftig in einen Mann verliebt, so stark wie erst einmal in meinem Leben. Das Problem: Er hat seit über sechs Jahren eine Freundin. Wir haben uns vor einem Jahr rein freundschaftlich kennengelernt, aber langsam wurde immer mehr daraus. Für mich ist inzwischen klar, was er mir bedeutet, und ich glaube, auch ihn lässt die Sache nicht kalt. Meine Frage ist nun: Darf ich in dem Wissen, dass er bereits gebunden ist, ungeniert mit ihm flirten, mit dem eindeutigen Ziel, dass wir mehr werden als nur Freunde?«*    *Barbara B., Köln*

»Love knoweth no laws«, schrieb der englische Renaissanceschriftsteller John Lyly 1579, woraus die Redeweise »All's fair in love and war« wurde – »Im Krieg und in der Liebe sind alle Tricks erlaubt.« Daneben vertrete ich die Meinung, dass ein volljähriger Mensch selbst wissen muss, was er tut, und damit hier, ob er auf ein Werben eingeht. Für die jetzige Partnerin gilt, dass sie kein verbrieftes Anrecht auf die Beziehung hat: Man kann einen Menschen nun einmal nicht besitzen. Als Romantiker wünsche auch ich nichts mehr als ewige Liebe, aber niemand kann ein Gefühl auf Dauer garantieren.

Gewiss, die langjährige Beziehung hat den Vorzug, dass sie sich bewährt hat, tragfähig ist, nicht nur eine kurze sexuelle Begierde. Auf der anderen Seite ist das, was viele Paare zusammenhält, vor allem Gewohnheit. Das kann besser sein als allein zu leben, aber es ist schlechter als echte Liebe, wenn die denn kommt. Die Chance auf diese echte dauerhafte Liebe darf man als Wert nicht vernachlässigen – zumal die Gefühle ja groß zu sein scheinen. Es spräche also so manches dafür, Ihnen grünes Licht zu geben.

Dennoch stört mich etwas. Vielleicht bin ich wirklich zu sehr Romantiker, aber für mich hat eine bestehende Beziehung – unabhängig von kirchlichen Treueschwüren – etwas Besonderes, fast Heiliges, ein Angriff darauf damit etwas Zerstörerisches, Teuflisches. Vielleicht ist es auch nur, dass ich eine Beziehung als etwas empfinde, was den Partnern gemeinsam gehört. Das kann nun jeder von beiden aufgeben, er bleibt ein freier Mensch – mit Verantwortung für den anderen und das Leid, das er ihm zufügt. Ein Außenstehender aber hat dieses Recht nicht, er darf den gemeinsamen Besitz der Partner nicht aktiv zerschlagen, um sich selbst amourös zu bereichern. Mein Fazit deshalb: Interesse bekunden, ja, alle Register ziehen, nein.

*Quellen:*

John Lyly, Euphues: The Anatomy of Wyt, London, 1578, online abrufbar unter (dort S. 69): https://archive.org/details/cu31924013122084

All's fair in love and war, in: Wordsworth Dictionary of Proverbs, von George Latimer Apperson, Wordsworth Editions, London 2006, S. 355

»*Ich bin seit drei Jahren geschieden und Vater einer sechsjährigen Tochter. Wenn Frauen, die ich kennenlerne, erfahren, dass ich ›mit Anhang‹ bin, sind sie oft gar nicht mehr an mir interessiert oder deswegen besonders. Deshalb habe ich beschlossen, zunächst nichts von meiner Tochter zu erzählen, da ja bei einer Beziehung die Partner im Vordergrund stehen sollten. Nun plagt mich das Gewissen: Hintergehe ich jemanden, wenn ich erst später damit herausrücke, womöglich nach ersten sexuellen Kontakten?*«* Klaus K., Fulda*

Natürlich träumt jeder davon, um seiner selbst willen geliebt zu werden. Nur wegen seiner schönen Augen, ja nicht einmal deretwegen, sondern sozusagen seelisch nackt, einfach als Mensch an sich. Würde dieser Wunsch allgemeine Realität, führte er zwar mit ziemlicher Sicherheit zum Konkurs so manches Sportwagenherstellers und Modeunternehmens; er zeigt aber auch, dass sich ohne äußere Umstände darzustellen nicht unehrlich, sondern umgekehrt besonders ehrlich ist.

Nur, was sind innere und was äußere Umstände? Bei Sportwagen und edler Kleidung kann man eine Trennlinie zum Besitzer ziehen – hinter der bei manchem freilich wenig bleibt. Im Falle Ihrer Tochter liegt es anders, sie ist untrennbarer Teil Ihres Lebens und einen solchen absichtlich zu verschweigen eine kleine Täuschung. Darf man die nutzen auf dem Weg zur wahren Liebe?

In Francesco Cavallis Barockoper *La Calisto* rät Merkur dem Jupiter, sich als Diana zu verkleiden, um die Titelheldin zu gewinnen: »Nehmt eure Zuflucht zum Schwindel, denn der trügerische Liebhaber gewinnt.« Dies dient allerdings mehr den amourösen Gelüsten des Göttervaters denn großer Liebe, wie auch sonst Merkurs Ratschläge von zweifelhafter Moral sind: »Nicht zu retten / ist der Gatte, / der die Regelung seiner Gelüste / seiner Frau überlassen müsste.« Doch auch Jupiter entwickelt bei der Täuschung so etwas wie echte Gefühle: Er verschafft Calisto am Ende einen Platz als Sternbild am Firmament – nachdem diese alles ausbaden musste, von der eifersüchtigen Gattin Juno in eine Bärin verwandelt.

Die Engländer sehen es zielorientiert, sie haben ein sehr gängiges Sprichwort: »All is fair in love and war«, das gute Ziel zählt; nicht umsonst ist der Utilitarismus, die Nützlichkeitsethik, eine britische Erfindung. Wenn ich auf das Ergebnis schaue, komme ich jedoch zu einem anderen Schluss: Selbst wenn die Liebe entbrennt, als absichtlich spät Eingeweihter käme ich mir immer getäuscht, schlimmer noch, geprüft vor. Und das hinterließe bei mir ein unschönes Gefühl.

*Quellen:*

Francesco Cavalli, La Calisto, Dramma per musica. Libretto von Giovanni Faustini. Uraufführung am 28. November 1651 im Teatro Sant' Apolinare, Venedig. Münchner Erstaufführung am 9. Mai 2005 im Nationaltheater. Die Zitate aus dem 1. Akt 6. Auftritt bzw. 2. Akt 9. Auftritt entstammen der deutschen Übersetzung von Liesel B. Sayre.

*»In einer verzwickten emotionalen Situation verschickte ich in einem Anfall von Übermut einen Liebesbrief. Da der Empfänger gerade verreist war, grübelte ich mehrere Tage, ob diese Aktion richtig war. Schließlich nagten die Zweifel so an mir, dass ich zu der Adresse fuhr und den zugestellten Brief wieder aus dem Briefkasten zog. Habe ich mich als Absenderin und ›Diebin‹ des Briefs in einer Person dennoch des Postraubs schuldig gemacht? Wenig später habe ich den Brief übrigens doch noch persönlich übergeben ...«*         Petra G., München

Diese Frage stellen Sie einem gelernten Juristen? Dem sofort Begriffe durch den Kopf schwirren wie Herrschaftsbereich des Empfängers, Gewahrsamsbruch, Diebstahl und Schlimmeres? Schon das bloße Nachdenken darüber vermag bedrohliche Schatten auf Ihr hoffentlich bis dato jungfräuliches Vorstrafenregister zu werfen. Und jetzt wollen Sie wahrscheinlich von mir hören, dass die Übertretung von einem halben Dutzend Gesetzen in diesem Fall in Ordnung ist.

Geschätzte Staatsanwälte, Rechtstheoretiker, Erziehungsberechtigte, Medienwächter und alle, die sonst noch Anstoß an öffentlicher Billigung von Straftaten nehmen könnten: Bitte lesen Sie nicht weiter. Denn, liebe Frau G., meinen Segen haben Sie. Ich könnte jetzt ein paar hundert Zitate bringen, warum die Liebe alles erlaubt, aber glauben Sie es mir einfach. Zwar halte ich nicht so viel davon, sich der ersten Stimme des Herzens zu widersetzen, und auch bei Ihnen scheint ja am Ende der spontan abgeschickte Liebesbrief richtig gewesen zu sein. Doch Ihre Tat ist nicht vorwerfbar.

Das, was den eigentlichen Zauber der Liebe und ihres ersten Anwalls, des Verliebtseins, ausmacht, ist der Wahnsinn, das Lodern, das Unbedingte, das Nichtbedenken der Folgen. Wenn der Geliebte am anderen Ende der Welt lebte, man flöge hin, auch wenn man ihn nur kurz sähe und es vermeintlich »nicht lohnt«. Alles lohnt sich, wie Irving Berlin dazu schrieb, in seinem wunderbaren Song *How Deep Is The Ocean?*: »How far would I travel / To be where you are? / How far is the journey / From here to a star?« Was zählt da schon ein lächerlicher Postraub? Des eigenen Briefes? Gegenüber einer Himmelsmacht?

Sie waren schlicht nicht zurechnungsfähig. Falls Sie in der Sache einen Verteidiger brauchen, rufen Sie mich an. Ich pauk Sie da raus!

*Quellen:*

§ 242 Diebstahl

(1) Wer eine fremde bewegliche Sache einem anderen in der Absicht wegnimmt, die Sache sich oder einem Dritten rechtswidrig zuzueignen, wird mit Freiheitsstrafe bis zu fünf Jahren oder mit Geldstrafe bestraft.

(2) Der Versuch ist strafbar.

§ 20 Schuldunfähigkeit wegen seelischer Störungen

Ohne Schuld handelt, wer bei Begehung der Tat wegen einer krankhaften seelischen Störung, wegen einer tiefgreifenden Bewusstseinsstörung oder wegen Schwachsinns oder einer schweren anderen seelischen Abartigkeit unfähig ist, das Unrecht der Tat einzusehen oder nach dieser Einsicht zu handeln.

Das Lied »How Deep Is The Ocean« von Irving Berlin findet sich in einer wunderbaren Interpretation von Ella Fitzgerald auf dem Album »Ella Fitzgerald Sings The Irving Berlin Songbook« erschienen bei Verve.

*»Ich hatte eine Liebesbeziehung, bei der ich ›mehr Beziehung‹ wollte als die andere Person. Sie war zwar verliebt, erklärte jedoch schnell, dass sie keine Verpflichtungen wünsche. Ich litt darunter, beendete unsere ›unverbindliche Beziehung‹ aber erst nach einem halben Jahr, da ich sehr verliebt war und zunächst dachte, damit umgehen zu können. Nun schwanke ich zwischen zwei Ansichten: zum einen, dass ich erwachsen bin und damit für mich selbst verantwortlich – mir wurde ja nichts vorgemacht. Andererseits finde ich, sie hätte sich nicht darauf einlassen dürfen, da ihr klar war, dass sie mich verletzt. Was meinen Sie?«* Thomas K., Berlin

Das Grundproblem Ihrer Frage kennt jeder, meist sogar von beiden Seiten. Bei seiner Bewertung bewegt man sich zwischen zwei Prinzipien. Das eine nenne ich das »Volljährigkeitsprinzip«: Ein Volljähriger muss wissen, was er tut. Das andere ist das »Verantwortungsprinzip«: Macht ist mit Verantwortung verbunden und deshalb muss bei einem deutlichen Ungleichgewicht der Stärkere auch im Interesse des Schwächeren handeln.

Genau das ist aber auch eine Bevormundung, die sehr unerwünscht sein kann. In Händels Oper Rodelinda singt der liebeskranke Grimoaldo: »Traurig, krank liegt mein Herz darnieder, / doch sein Leiden gefällt ihm so gut, / dass nach Frieden es sich nicht mehr sehnt.«

Im Grunde muss es jedem unbenommen bleiben, auch

unglücklich zu lieben. Allerdings mit Einschränkungen: Notwendig ist absolute Offenheit, man darf niemals mit dem oder der anderen spielen, und eine Grenze hat alles, wenn einer heftig leidet und darin gefangen ist. Liebe macht nämlich nicht nur blind, sondern vor allem taub: Was ein schwer Verliebter nicht hören will, hört er einfach nicht. Ein »Read my lips: I do NOT love you!« weiß er problemlos als verklausulierten Liebesschwur zu deuten. Und selbst bei klarem Erkennen kann es an der Kraft mangeln, Konsequenzen zu ziehen. In derartigen Fällen ist der oder die Nichtliebende deutlich stärker und trägt deshalb Verantwortung.

Bei Ihnen dagegen waren beide verliebt, beide wollten eine Beziehung, wenn auch in unterschiedlicher Form. Hier besteht ein gewisses Gleichgewicht und man muss sich auch davor hüten, Entscheidungen des eigenen Lebens als moralische Last auf andere abzuwälzen.

*Quellen:*

Georg Friedrich Händel: Rodelinda, Regina de' Longobardi, Dramma per musica in drei Akten. Libretto von Nicola Francesco Haym. Uraufführung am 13. Februar 1725 im King's Theatre in the Haymarket, London, Münchner Erstaufführung am 28. Juni 2003 im Nationaltheater. Das Zitat entstammt der deutschen Übersetzung von Reinhard Strohm.

*»Vor geraumer Zeit wollte ich mir ein gebrauchtes Auto kaufen. Der Verkäufer hatte natürlich ein Auto für mich im Angebot und versuchte es mir schönzureden. Er verschwieg mir aber Mängel, worauf ich mich gegen diesen PKW entschied. In eine ähnliche Situation geriet ich, als ich auf der Suche nach einem Partner war. Nun meine Frage: Ist es denn unmoralisch, wenn man sich in diesem Fall von seiner besten Seite zeigt und seine Mängel verheimlicht?«* David A., Hamburg

Im ersten Moment zuckt man natürlich, wenn Sie die Partnersuche mit dem Kauf eines Gebrauchtwagens gleichsetzen, und denkt, das kann man nicht vergleichen! Stimmt, aber das Problem, das Sie aufzeigen, bleibt bestehen. Wahrscheinlich wird beim Autoverkauf sogar weniger »geschummelt« als in Liebesdingen. Am Beginn weist man den anderen niemals zurecht, lacht über jeden Witz und findet alles interessant. Mit der späteren Alltagswirklichkeit hat das oft nur am Rande zu tun.

Doch selbst wenn das eine Täuschung darstellt, ist sie ausnahmsweise in Ordnung. Zoologen sehen in der Partnersuche neben allen amourösen Aspekten einen handfesten biologischen Sinn, nämlich die Fortpflanzung. Deshalb hat die Natur es auch so eingerichtet, dass zur Paarungszeit das bunteste Gefieder und die schönsten Gesänge präsentiert werden. All dies ist, da der Rest des Jahres oft anders aussieht, auch eine Täuschung, wenn man so will, die aber offensichtlich in der Natur der Sache liegt.

Anthropologen beschreiben die Liebe als Spiel, das bestimmten Regeln unterliegt. Dazu gehört, dass sich jeder so gut darstellt, wie es geht, umgekehrt aber weiß oder wissen muss, dass der andere es genauso macht. Es verstößt also keiner gegen die Regeln des Zusammenlebens. Und schließlich enthält das positive Verhalten des frisch Verliebten auch immer die Absicht oder auch nur die Möglichkeit, sich durch den anderen zu verändern, also besser zu werden. Das ist nicht verwerflich. Außerdem darf man eines nicht übersehen: Wenn Sie schon beim ersten Treffen alle Ihre negativen Seiten zeigen, bleiben Sie zwar hochehrlich, aber ziemlich sicher auch allein.

*Literatur:*

Eckart Voland, Die Natur des Menschen. Grundkurs Soziobiologie, Verlag C. H. Beck, München 2007
Leider nur mehr antiquarisch erhältlich, dennoch lesenswert.

Zum Balzverhalten bei Tieren: Irenäus Eibl-Eibesfeldt. Grundriss der vergleichenden Verhaltensforschung, 7. Aufl., Piper Verlag, München, 1987, S. 231 ff.
Zur Paarfindung beim Menschen: Irenäus Eibl-Eibesfeldt. Die Biologie des menschlichen Verhaltens. Grundriß der Humanethologie. 3. Aufl., Seehamer Verlag, Weyarn 1997, S. 327 ff.
Auch die Bücher von Eibl-Eibesfeld sind nur mehr antiquarisch erhältlich, die letzten Neuauflagen liegen inzwischen etliche Jahre zurück und die Bücher sind in mancherlei Hinsicht zum Teil zu Recht umstritten. Dennoch sind sie für Grundlagen und Originalbefunde weiterhin interessant.

*»Im fortgeschrittenen Alter von fast fünfzig habe ich mich bei einem Online-Dating-Portal angemeldet. Nun hatte ich bereits ein paar Dates, einige davon waren amüsant bis erschreckend. Ist es erlaubt, beim nächsten Date ohne Namensnennung über vorhergehende Missgeschicke zu sprechen bzw. sich ein wenig lustig zu machen, oder sollte man dies in jedem Fall unterlassen?«*

*Ulla H., Köln*

Eigenartig: In Beziehungsdingen und bei Dates gehören »Vorgänger« doch eigentlich zu den Themen, die man eher nicht hören will und deshalb vermeidet. Warum wollen Sie dennoch diese Geschichten erzählen? Mir fallen drei Gründe ein: Erstens, Sie wollen Ihrem Gegenüber schmeicheln, dass er offensichtlich kein solches Missgeschick ist. Zweitens, Sie wollen in der etwas schwierigen Situation eines ersten Dates das Eis brechen, indem Sie lustige Anekdoten erzählen aus einem Bereich, den Sie vermutlich beide kennen. Drittens, Sie wollen mit den Geschichten belegen, dass Sie nicht so sind wie die anderen Menschen, die versuchen, über ein Dating-Portal jemanden kennenzulernen.

In allen Fällen benutzen Sie die Menschen, über die Sie sich lustig machen, auch wenn es ohne Namen geschieht und diejenigen nichts davon erfahren. Bei den ersten beiden Motiven, Ihrem aktuellen Date schmeicheln oder das Eis brechen zu wollen, sehe ich es noch als vertretbar an.

Im Krieg und in der Liebe sind schließlich, dem Sprich-wort zufolge, alle Tricks erlaubt. Und in beiden Fällen ist die Zielrichtung des Erzählens primär Ihr Gegenüber und nicht Ihr Ego.

Beim dritten Grund, sich von der Masse abheben zu wollen, sieht das jedoch anders aus. Es geht in die Rich-tung dessen, was man in der Psychologie »downward comparison« nennt, einen abwärts gerichteten Vergleich. Im Vergleich zu den erschreckenden anderen Online-Da-tern stehen Sie besser da – für Ihr Selbstbild, aber auch vor Ihrem momentanen Date. Und wenn Sie sich über die »Missgeschicke« lustig machen, werten Sie diese auch noch aktiv ab, um daneben umso strahlender zu erschei-nen. Mich als Ihr Gegenüber würde das an Ihrem Charak-ter zweifeln lassen und eher abschrecken. Deshalb hielte ich es nicht nur für falsch, sondern auch für eine schlech-te Strategie.

*Literatur:*

Wills, Thomas A., Downward comparison principles in social psycholo-gy. Psychological Bulletin, Bd. 90 (1981), S. 245–271

Corcoran, K., Crusius, J., & Mussweiler, T. (2011). Social comparison: Motives, standards, and mechanisms. In: D. Chadee (Hrsg.), Theories in social psychology (S. 119–139). Oxford, GB: Wiley-Blackwell

Gregory M. Walton und Geoffrey L. Cohen, Stereotype Lift, Journal of Experimental Social Psychology, Band 39 (2003), S. 456–467

Judith B. White, Ellen J. Langer, Leeat Yariv und John C. Welch IV, Fre-quent Social Comparisons and Destructive Emotions and Behaviors: The Dark Side of Social Comparisons, Journal of Adult Development, Bd. 13 (2006), S. 36–44

Leon Festinger: A Theory of Social Comparison Processes, Human Rela-tions (1954), 7, S. 117–140

»Beim ersten Date zum Spaziergang mit einem sehbehinderten Mann wollte der sich sofort bei mir einhaken – was ich zurückwies. Als die Dämmerung hereinbrach, bat er nochmals um meinen Arm, da er sonst seinen Blindenstock benutzen müsse. Ich wies ihn erneut ab. War das falsch oder ist meine Freiheit, mit wem ich Körperkontakt haben möchte, wichtiger?«   Sabine F., Essen

Schwieriges erstes Date und Spaziergang. Wem schießt bei dieser Konstellation nicht Goethes Faust und die Szene seiner ersten Begegnung mit Gretchen in den Sinn? So auch mir. Dementsprechend stelle ich mir vor, wie der Dialog bei Ihnen in etwa abgelaufen sein könnte: First Date (mit der Hand tastend): »Mein schönes Fräulein, darf ich wagen, Arm und Geleit mir zu erfragen?« / Dame (entrüstet): »Wie dreist: Ob ich schön bin, könnt Ihr gar nicht sehn. So sollt Ihr ungeleitet nach Hause gehn.« (First Date geht unsicher stolpernd ab.)

Dabei hatte der Herr noch Glück, wenn es nicht entlang einer Uferpromenade oder einer stark befahrenen Straße ging. Womöglich hätte sich dann die Frage nach einem etwaigen zweiten Treffen aufgrund Ihrer Ablehnung des Geleits schnell und abschließend erledigt.

Der Kern Ihres Problems scheint mir in den zwei möglichen Funktionen des Einhängens zu liegen: einerseits Leithilfe für einen Gehandicapten, andererseits körperlicher Kontakt als Ausdruck von Nähe und möglicher

Startpunkt hin zu noch mehr Nähe. Für gewöhnlich frage ich Experten, hier halte ich mich selbst für ausreichend kundig: Es besteht ein großer Unterschied zwischen zärtlichem Arm-in-Arm-Gehen und dem sichernden Einhaken eines Seh- oder Gehbehinderten. Sowohl in der Art der Berührung als auch im gefühlten Kontext. Und zumindest solange Ihr Date das nicht überschreitet und ausnutzt, besteht eine allgemeine Pflicht, die Hilfestellung zu leisten. Noch dazu bei jemandem, der Ihnen immerhin akzeptabel genug erscheint, um ihn zu daten.

Natürlich gibt es Grenzen: Wenn jemand meine lebensrettende Mund-zu-Mund-Beatmung plötzlich mit einem intensiven Kuss beantwortete, würde ich die Atemspende abbrechen. Es sei denn, es handelte sich um – nun ja, das tut hier nichts zur Sache.

*Quellen:*

Johann Wolfgang von Goethe, Faust I,
*Straße (I)*

*Faust. Margarete vorübergehend.*

FAUST:
Mein schönes Fräulein, darf ich wagen,
Meinen Arm und Geleit Ihr anzutragen?

MARGARETE:
Bin weder Fräulein, weder schön,
Kann ungeleitet nach Hause gehn.

*Sie macht sich los und ab.*

*»Als emanzipierte Frau sieht man Rollenbilder als anti-*
*quiert an und ist überzeugt, dass Gleichberechtigung in*
*jedem Lebensbereich wichtig ist. Nur bei der Partner-*
*wahl möchte man schon gern den ›echten Kerl‹, der auch*
*die Küchenzeile aufbauen kann. Ist diese Widersprüch-*
*lichkeit legitim? Oder verrät man damit die eigenen*
*Wertvorstellungen?«*                    Katrin D., Marburg

Sie sprechen von der Partnerwahl, das heißt, es geht um
eine Zweierbeziehung, und im Grunde sollte deren Gestaltung in weitem Umfang den beiden Beteiligten überlassen bleiben. Dennoch scheinen mir hier drei Aspekte
von allgemeiner Bedeutung: zum einen, ob Ihre Vorstellung von einem Partner auch wirklich Ihre persönliche ist
oder Ihnen nicht vielmehr – von der Gesellschaft oder Ihren Eltern – übergestülpt wurde, ohne dass Sie sich dessen
bewusst sind. Das wäre eine Frage der Freiwilligkeit und
damit Ihrer Autonomie. Zum anderen, ob Sie diese über-
kommenen Rollenbilder nicht durch Ihr Verhalten am Leben erhalten und damit weiterverbreiten und -geben, besonders auch an Ihre Kinder. Und schließlich das, was
Kant »die Menschheit in deiner Person« nennt: Jeder
Mensch ist immer nicht nur der individuelle Mensch,
sondern zugleich Teil der Menschheit und damit auch deren Stellvertreter. Auf Ihre Situation bezogen: Wenn Sie
in Ihrer Beziehung überkommene Rollenvorstellungen
wiederaufleben lassen, tun Sie das nicht nur für sich

selbst, sondern stellvertretend für alle Frauen. Dies alles lässt die archaische Partnerwahl fragwürdig erscheinen.

Allerdings haben diese Überlegungen auch eine praktische Grenze: Sexuelle Attraktion ist nur in geringem Umfang dem Verstand unterworfen. Mit anderen Worten, es bringt nicht viel, wenn Sie Ihrem Verstand folgen und einen Partner wählen, den Sie theoretisch für ideal halten, den Sie aber nicht lieben oder von dem Sie sich nicht sexuell angezogen fühlen.

Was dann? Ich habe hier Hoffnung. Sosehr der Mensch – Frau wie Mann – hier jenseits der Vernunft handelt, bleibt er oder sie doch ein Vernunftwesen. Als solches können beide ihre Geschlechterrollen zwar spielen, aber zugleich reflektieren. Und dadurch, ohne den Spaß dabei zu verlieren, humorvoll als das entlarven, was sie in Wirklichkeit sind: Theater. Manchmal Komödie, manchmal Tragödie.

*Literatur*

Immanuel Kant verwendet die Formulierung »die Menschheit in deiner Person« außer an der bekannten Stelle in der Zweck-Mittel-Formel seines Kategorischen Imperativs: »Handle so, dass du die Menschheit sowohl in deiner Person, als in der Person eines jeden andern jederzeit zugleich als Zweck, niemals bloß als Mittel brauchest.« (Grundlegung zur Metaphysik der Sitten, Akademie-Ausgabe S. 429) in der Form »die Menschheit in seiner Person« auch in der »Metaphysik der Sitten« im Kapitel »Von der Kriecherei« (Akademie-Ausgabe, S. 434 ff.)

Erving Goffman, Das Arrangement der Geschlechter, in: Ders. Interaktion und Geschlecht, herausgegeben und eingeleitet von Hubert A. Knoblauch, mit einem Nachwort von Helga Kotthoff, Campus Verlag, Frankfurt am Main 1994, 2001

Erving Goffman, Wir alle spielen Theater. Die Selbstdarstellung im Alltag, Piper Verlag, München, 7. Aufl. 2009

*»Ich habe von verschiedenen Seiten gehört, dass ein Freund von mir außerordentlich schlecht beim Küssen sei. Alle Frauen äußerten die gleiche Kritik an seiner Art zu küssen, die zu drängend und fast schon ruppig sei. Einerseits fühle ich mich in der Pflicht, ihm als Freund einen guten Rat zu geben. Andererseits bin ich sicher, ihn damit sehr zu beschämen. Ich würde diese heikle Aufgabe am liebsten seiner nächsten Freundin überlassen, aber gerade sein Kuss-Problem verhindert ja, dass er eine längere Beziehung führt. Was soll ich tun?«*

*Reiner M., Jena*

Nur selten benutze ich eine Frage, um eine andere zu beantworten. Aber Ihre ist schnell gelöst: Natürlich müssen Sie ihm das sagen! Der römische Politiker und Philosoph Cicero schrieb in seinem Büchlein *Laelius – Über die Freundschaft,* man solle dem Freund »Ehrenhaftes tun und nicht etwa damit warten, bis wir gebeten werden. Eifer sei stets vorhanden, Zögern fern; und wir sollten den Mut haben, freimütig Rat zu erteilen.« Letzteres scheint mir sogar einen ganz zentralen Punkt darzustellen. Wo das nicht möglich ist, kann man nicht wirklich von Freundschaft sprechen.

Für wesentlich kniffliger halte ich dagegen die Überlegung, ob nicht die jeweiligen Frauen selbst etwas hätten sagen sollen – nachdem sie dazu wieder in der Lage waren. Kritik am Küssen geht ja nur schwer über die Lippen.

Kein Wunder, handelt es sich dabei doch um die jugendfreie Variante der noch pikanteren Frage: Soll ich etwas sagen, wenn der oder die andere schlecht im Bett war? Hier heißt es aufpassen. Natürlich sind Sätze wie: »Du bist der lausigste Liebhaber, den ich je hatte!« oder »Zum Glück wird diese Technik von alleine aussterben!« geeignet, das Gegenüber zu verletzen. Dementsprechend sollte man sie auch aus moralischer Sicht vermeiden. Zudem kann allzu große Kritikfreudigkeit denselben Effekt haben wie die bemängelten Fehler: Sie mindern die Chance auf Wiederholung. Andererseits sollte man auch nicht der Tabuisierung des Sexuellen auf den Leim gehen: Weder der Vorgang noch das Sprechen darüber sind unmoralisch!

Dem zufälligen Bettbekannten – nett! – zu vermitteln, falls er etwas schlecht macht, gebietet die Menschenfreundlichkeit. Wenn niemand etwas sagt, hat er keine Chance, es abzustellen. Dem eigenen Partner gegenüber offen zu sein, gebietet schon die Klugheit: Schließlich ist vieles noch steigerungsfähig.

*Literatur:*

Cicero, Laelius – Über die Freundschaft, z. B. Reclam Verlag, Stuttgart 2014

# Ein Herz und eine Seele

## Über den Lauf der Partnerschaft

*»Wenn ich meinen Freund frage, ob er mich liebt, ant-*
*wortet er, dass er das tue und dass ich seine Gefühle*
*doch spüren müsse. Das ist auch der Fall, trotzdem wür-*
*de ich es gern von ihm hören. Spreche ich ihn auf seinen*
*sparsamen Umgang mit verbalen Liebesäußerungen an,*
*erwidert er, er kenne das nicht anders. Mir ist es jedoch*
*wichtig, diesen Satz gesagt zu bekommen, denn er kann*
*intensive Momente auslösen und mir Sicherheit geben.*
*Andererseits möchte ich meinem Freund ungern etwas*
*aufzwingen. Darf ich von ihm also verlangen, dass er ›Ich*
*liebe dich‹ sagt?«*                    *Heidi G., München*

Hüten werde ich mich, Ihnen Ratschläge in Liebesdingen
dergestalt zu geben, wie Sie Ihre Beziehung erfolgreich
führen sollen. Wie Sie sich in dieser Hinsicht verhalten,
was Sie dazu tun und lassen sollen, fragen Sie bitte andere. Wenn Sie jedoch wissen wollen, was ich von Ihrer Forderung aus moralischer Sicht halte, antworte ich gern:
wenig!

Zunächst könnte man fragen, warum für Sie ein Aussprechen mehr bedeutet als das Erspüren oder gar Handlungen, obwohl doch Letztere verlässlichere Zeichen sind
als der sprichwörtliche Schall und Rauch. Und dies leitet
über zu einem noch zentraleren Thema: der Sicherheit,
die Sie wünschen und durch die Liebesbeteuerung zu erlangen meinen. Diese scheint mir per se trügerisch. Mit
die schönsten Texte über die Liebe finden sich in Platons

*Symposion.* Bei diesem Trinkgelage lässt Platon die Gäste über Eros, den Gott der Liebe, sprechen und dabei einen der Gäste, Pausanias, bemerken, was es mit den Schwüren des Liebenden auf sich habe: Anders als sonst der Eidesbrecher finde er Verzeihung bei den Göttern, »wenn er geschworen hat und den Eid bricht, denn ein Liebesschwur, so heißt es, sei kein Schwur.«

Platon meint damit sicherlich nicht, der Liebende dürfe jederzeit falsche Eide schwören oder eben wahrheitswidrig »Ich liebe dich« beteuern. Nur hatte der Philosoph erkannt, dass jede Aussage über die Liebe nur für den Augenblick gelten kann, in dem sie getroffen wird. Gefühle sind nun einmal kein Muskel, der willentlich zu beherrschen wäre. Sie können sich verändern. Sicherheit auf diesem Gebiet lässt sich also nie erlangen, am allerwenigsten über Worte.

Man kann ohnehin streiten, ob »Ich liebe dich« nicht eine abgegriffene Phrase darstellt. Dem ließe sich entgegnen, dass dieser Satz, egal, wie oft und wo er verwendet wird, sich nie verbraucht. Aber eines scheint mir klar: Geäußert, nur um eine Forderung zu erfüllen, hat er jedenfalls keinen echten Wert.

*Literatur:*

Platon, Symposion. Eine gute deutsche Übersetzung von Ute Schmidt-Berger mit Nachwort, Erläuterungen und griechischen Vasenbildern ist 1985 im Insel Verlag, Frankfurt am Main, erschienen, 2004 ebendort in einer schönen gebundenen Ausgabe.

*»Gestern bekam ich die Zusage für ein dreimonatiges Praktikum in Shanghai. Da ich letztes Jahr schon drei Monate weg war, war meine Freundin mäßig begeistert. Ich finde aber, dass es für einen BWL-Studenten wichtig ist, Auslandserfahrung zu sammeln. Ist es meine moralische Pflicht, aus Liebe zu meiner Freundin darauf zu verzichten, um die Beziehung nicht zu gefährden?«*

*Helmut B., Nürnberg*

Beim Thema »Liebe« denkt man sicherlich nicht als Erstes an ihn, wohl aber bei der »Pflicht«: Immanuel Kant. Und tatsächlich hat er über den Zusammenhang zwischen Liebe und Pflicht geschrieben. Jedoch über den umgekehrten Fall, dass nämlich, weil Liebe eine Sache der Empfindung und nicht des Wollens sei, man nicht lieben könne, weil man es wolle, geschweige denn, weil man es solle, »mithin ist eine Pflicht zu lieben ein Unding«.

Direkt mit dem Handeln »aus Liebe« beschäftigte sich der amerikanische Philosoph Harry G. Frankfurt, der hierzulande vor allem durch sein kleines Büchlein *Bullshit* bekannt wurde. Er sieht in der Liebe einen Handlungsgrund, der gleichberechtigt neben dem moralischen Gesetz steht, aber eben getrennt von ihm. Das Besondere daran, so Frankfurt, sei: Handle man aus echter Liebe, so handle man, auch wenn man sich von den Fesseln der Liebe gebunden fühle, im Gegenteil frei und autonom, weil die Liebe, der man gehorcht, zum grundlegenden Charakter des eigenen Willens gehört und man somit nur von sich selbst bestimmt wird.

Bei beiden Philosophen würde ich einhaken wollen. So wie Kant eine Pflicht zu lieben ein Unding nennt, scheint mir umgekehrt eine Pflicht »aus Liebe« auch ein Unding. Damit soll nicht gemeint sein, dass man in einer Liebesbeziehung tun und lassen kann, was man will, aber etwas aus Liebe zu tun, weil man die Pflicht dazu hat, scheint mir ein Widerspruch. Wenn man etwas »aus Liebe« tut, tut man es, auch im Sinne Frankfurts, freiwillig und nicht aufgrund einer moralischen Pflicht.

Obwohl es mir fern läge, Liebe dem Karrieredenken unterzuordnen, sprechen für mich vor diesem Hintergrund zwei Gründe dagegen, auf das Praktikum zu verzichten. Zum einen sollten Sie, wenn es denn »aus Liebe« geschieht, den eigenen Wunsch haben, dazubleiben und nicht eine Pflicht annehmen, der Sie sich dann fügen. Zum anderen sollte eine Beziehung nicht beengen, sondern zu gemeinsamem Wachsen führen. Das wiederum passt zu Frankfurts Idee, dass das Handeln aus Liebe ein autonomes ist, man also aus sich selbst heraus handelt – selbst wenn es zugunsten des anderen ist. Zu guter Letzt: Dank Internet kann man sich heute beliebig lange und oft per Video sehen und sprechen, und drei Monate sind keine Ewigkeit.

*Quellen:*

Hannah Arendt, Der Liebesbegriff bei Augustin. Versuch einer philosophischen Interpretation, Dissertation, Heidelberg 1928. Neu herausgegeben und mit einem Vorwort versehen von Ludger Lütkehaus, Philo Verlag, Berlin, Wien, 2. Aufl. 2005

Immanuel Kant, Die Metaphysik der Sitten, AA Bd. VI, S. 401

Dort heißt es wörtlich:
»Liebe ist eine Sache der Empfindung, nicht des Wollens, und ich kann nicht lieben, weil ich will, noch weniger aber, weil ich soll (zur Liebe genöthigt werden); mithin ist eine Pflicht zu lieben ein Unding. Wohlwollen (amor benevolentiae) aber kann als ein Thun einem Pflichtgesetz unterworfen sein. Man nennt aber oftmals ein uneigennütziges Wohlwollen gegen Menschen auch (obzwar sehr uneigentlich) Liebe; ja, wo es nicht um des andern Glückseligkeit, sondern die gänzliche und freie Ergebung aller seiner Zwecke in die Zwecke eines anderen (selbst eines übermenschlichen) Wesens zu thun ist, spricht man von Liebe, die zugleich für uns Pflicht sei. Aber alle Pflicht ist Nöthigung, ein Zwang, wenn er auch ein Selbstzwang nach einem Gesetz sein sollte. Was man aber aus Zwang thut, das geschieht nicht aus Liebe.«

Harry G. Frankfurt, Autonomy, Necessity, and Love, in: Harry G. Frankfurt, Necessity, Volition, and Love, Cambridge University Press 1998, S. 129–141

Auf Deutsch: »Autonomie, Nötigung und Liebe«, in: Harry G. Frankfurt, Freiheit und Selbstbestimmung. Ausgewählte Texte, herausgegeben von Monika Betzler und Barbara Guckes, Akademie Verlag, Berlin 2001, S. 166–183

Harry G. Frankfurt, Bullshit, Suhrkamp Verlag, Frankfurt am Main 2006, im englischen Original: Harry G. Frankfurt, On Bullshit, Princeton University Press 2005

Niklas Luhmann, Liebe. Eine Übung, herausgegeben von André Kieserling, Suhrkamp Verlag, Frankfurt am Main 2008

Niklas Luhmann, Liebe als Passion, Suhrkamp Verlag, Frankfurt am Main, 12. Aufl. 1994

Des weiteren lesenswert zum Thema:

Axel Honneth, »Liebe und Moral. Zum moralischen Gehalt affektiver Bindungen«, in: Axel Honneth, Das Andere der Gerechtigkeit, Aufsätze zur praktischen Philosophie, Suhrkamp Verlag, Frankfurt am Main 2000

*»Meine Freundin und ich sind zusammen mit unseren Kindern sehr glücklich. Bis auf eines: Meine Freundin möchte ›richtig‹ heiraten, ich lehne die Ehe ab. Ich finde es falsch, dass kinderlose Ehepaare mehr Vorteile haben als unverheiratete Paare mit Kindern, und glaube, dass sich nur etwas ändert, wenn mehr Paare die Ehe verweigern. Haben Sie einen Rat?«*
Gerd L., München

Wenn bei etwas, was zwei Personen nur gemeinsam tun können, gegensätzliche Haltungen aufeinanderprallen, gibt es mehrere Möglichkeiten, eine Lösung zu finden. Die erste ist der Kompromiss. Der scheidet aus, wenn es Ihrer Freundin partout um die klassische Ehe geht. Die definiert sich ja geradezu dadurch, dass es bei ihr nur Ja oder Nein gibt.

Die zweite Lösung ist, auf den Unterschied zwischen Tun und Unterlassen abzustellen. In vielen, wenn nicht den meisten Situationen ist es ein wesentlich geringerer Eingriff in die Psyche und die Persönlichkeit, etwas, was man tun möchte, zu unterlassen, als etwas, was man ablehnt, zu tun. Dies spräche hier gegen die Ehe.

Das Nächste wäre das Ausmaß der Überzeugung. Wenn Ihre Freundin um alles in der Welt heiraten möchte, Sie hingegen nur gewisse Vorbehalte verspüren, spräche manches für die Hochzeit. Umgekehrt läge es, wenn Ihre Freundin es irgendwie nett fände zu heiraten, Sie hingegen absoluter Gegner jeglicher Formalisierung einer

Beziehung sind. Das leitet über zu der für mich hier entscheidenden Überlegung: Die Beweggründe Ihrer Freundin für die Ehe liegen innerhalb Ihrer Beziehung, Ihre hingegen außerhalb. Deshalb würde ich Ihren Gründen in diesem Fall weniger Gewicht beimessen.

Das klingt sehr theoretisch, ist es aber nicht, wenn man sich das Ganze praktisch klarmacht. Sie können Ihre Freundin jederzeit heiraten und sich politisch für eine Abschaffung des Ehegattensplittings zugunsten von Kinderförderung engagieren. Was vermutlich ohnehin wesentlich wirksamer ist als Ihr stummer Protest in Form der Eheverweigerung. Ihrer Freundin hilft es jedoch überhaupt nichts, wenn sie mit ihrer Überzeugung »Ehe ist die Krönung der Liebe« einen Großteil aller Menschen überzeugt, solange sie den einen Menschen nicht erreicht, um den es ihr dabei geht. Und das sind Sie.

*Literatur:*

Eine vertiefte und kluge Betrachtung der Unterschiede zwischen Tun und Unterlassen und deren Auswirkungen in vielerlei Hinsicht liefert der Moralphilosoph Dieter Birnbacher in seinem Buch »Tun und Unterlassen«, Reclam Verlag, Stuttgart 1995. Eine 2. Auflage ist 2015 im Alibri-Verlag erschienen.

*»Warum soll es falsch sein, in einer Beziehung beim Sex den Höhepunkt vorzutäuschen? Ich mache meinem Partner doch nur eine Freude, und mir ist es nicht so wichtig. Natürlich wäre es schäbig, irgendwann im Streit zu lästern, dass alles nur Schein war. Aber sonst halte ich es eher für eine liebevolle und partnerschaftserhaltende Maßnahme.«* N. N., München

Wissenschaftlichen Untersuchungen zufolge haben 50 Prozent der Frauen und 25 Prozent der Männer schon ihren Höhepunkt vorgetäuscht: 61 Prozent durch Geräusche, 55 Prozent körperlich, 18 Prozent verbal. Über die moralischen Aspekte erschien 2012 im *International Journal of Applied Philosophy* ein Aufsatz des US-Philosophen Stephen Kershnar. Er kommt darin zu dem Schluss, dass das Vorspielen eines Orgasmus zulässig sei, weil es keine Vereinbarung zwischen den Sexualpartnern gebe, in Bezug auf das sexuelle Erleben nicht zu täuschen. Und daneben bestehe auch keine allgemeine Pflicht, das nicht zu tun, denn eine solche Pflicht würde die Eigentumsrechte des Täuschenden an den Körperteilen, mit denen er täuscht, verletzen.

Ich halte Kershnars Argumentation für falsch. Speziell im Rahmen einer Beziehung kann man aus dem wechselseitigen Bestreben, den Partner zum Höhepunkt bringen zu wollen, auf eine unausgesprochene Vereinbarung schließen, darüber nicht zu täuschen. Zudem scheint man sich einig: Studien zufolge wollen über 95 Prozent aller Befragten in dieser Hinsicht nicht getäuscht werden. Und die Eigentumsrechte an meiner Hand berechtigen mich auch nicht dazu, einen anderen damit zu erwürgen.

Meines Erachtens gibt es deshalb eine Pflicht, den anderen nicht über den Höhepunkt zu täuschen. Dieser Pflicht steht jedoch das Recht des Einzelnen gegenüber, seine Sexualität nach eigenen Vorstellungen auszuleben. Und weil Sexualität etwas sehr Intimes, dem Kern des Menschen Nahestehendes ist, überwiegt dieses Recht gegenüber äußeren Pflichten. Das macht die Täuschung nicht zu einer guten Tat, sondern lediglich vertretbar. Und im Rahmen einer Beziehung mag sie zwar einerseits nett gemeint sein, ist aber andererseits auch unklug: Wie soll der Partner erfahren, was er oder sie vielleicht anders, besser machen soll?

*Literatur:*

Stephen Kershnar, The Morality of Faking Orgasms: Deception in a Dishonest World, International Journal of Applied Philosophy, Bd. 26, 2012, S. 85–104

Charlene L. Muehlenhard, Sheena K. Shippee, Men's and Women's Reports of Pretending Orgasm, The Journal of Sex Research, Bd. 47, 2010, S. 552–567

Hugo M. Mialon, The Economics of Faking Ecstasy, Economic Inquiry, 50, 2009, S. 277–285

Celia Roberts, Susan Kippax, Catherine Waldby, June Crawford, Faking it: The Story of »Ohh!«, Women's Studies International Forum, Bd. 18, 1995, S. 523–532

Farnaz Kaighobadi, Todd K. Shackelford, Viviana A. Weekes-Shackelford, Do Women Pretend Orgasm to Retain a Mate?, Archives of Sexual Behaviour, Bd. 41, 2012, S. 1121–1125

*»Eine langjährige Freundin, mit der ich oft vertrauliche Sachen bespreche, sagte mir, dass sie all dies, darunter auch sehr Intimes, Frauenspezifisches, ganz selbstverständlich mit ihrem Ehemann beredet – obwohl ich sie ausdrücklich gebeten habe, es für sich zu behalten. Ihrer Meinung nach ist es selbstverständlich, dass man mit seinem Partner ausnahmslos alles teilt und die Vertraulichkeit in diesem Falle nicht gilt. Ich sehe das anders. Bin ich nun ›schief gewickelt‹, oder fühle ich mich zu Recht verraten?«*　　　　　　　　　　*Iris D., Kaiserslautern*

Ihre Freundin hat recht: Es ist wichtig, in einer Liebesbeziehung möglichst offen zueinander zu sein, denn gegenseitige Offenheit stellt einen wichtigen Grundpfeiler jeder Liebesbeziehung dar. Aber auch Sie haben recht: Es ist wichtig, speziell in einer Freundschaft Anvertrautes zu bewahren, denn Vertrauen stellt einen wichtigen Grundpfeiler jeder Freundschaft dar. Damit stehen sich zwei Werte gegenüber und es gilt abzuwägen. Aber wie? Sollte man die Kräfte der Beziehungen vergleichen? Nach dem Motto: Welches Band bindet fester?

Man merkt sehr schnell, auf dieser Ebene kommt man nicht weiter. Glücklicherweise haben Sie selbst ein weiteres Stichwort gegeben, was immer es auch genau bedeuten mag: »Frauenspezifisches«. Mangels eigener Erfahrung muss ich mir darunter die Themen vorstellen, die Carrie Bradshaw und ihre Freundinnen Samantha, Charlotte und Miranda in der TV-Serie *Sex and the City* laufend besprechen, also in erster Linie Schuhe, Sex und Männer. Doch auf den Inhalt kommt es hier gar nicht an, sondern nur auf die Deklaration. Indem Sie etwas so bezeichnen, zeigen Sie das Entscheidende: dass nämlich Sie als Urheberin die alleinige Bestimmungshoheit darüber innehaben, für wessen Ohren die jeweiligen Informationen bestimmt sind.

Mit dem Etikett »Nur für dich« versehen, dürfen die Geheimnisse erst gar nicht bis zu einer allfälligen Abwägung zwischen Partnerschaft und Freundschaft gelangen. Sie sind sozusagen von Anfang an nicht übertragbar. Und der vermeintlich Vertrauenswürdigen steht nicht das Recht zu, sich Ausnahmen davon zu genehmigen. Deshalb: Ja, wenn Ihre Freundin von Ihnen derart Gesperrtes dennoch weitergab, hat sie Sie verraten. Vermutlich ohne bösen Willen, aber sie hat es getan.

*»Mein Mann war früher sehr sportlich und stolz auf seinen Körper. Seitdem er viel arbeitet, hat er zugenommen und von der Sportlerfigur ist kaum noch etwas übrig. Das bedrückt ihn. Manchmal fragt er mich, ob ich ihn zu dick finde. Wenn ich ehrlich bin – ja. Auf jeden Fall hat er mir früher besser gefallen. Mache ich allerdings auch nur eine winzige Andeutung in diese Richtung, so ist er zutiefst gekränkt. Deshalb sage ich: ›Nein, natürlich bist du nicht zu dick.‹ Ist das falsch?«* Christiane B., München

Offen gesagt bin ich ziemlich erleichtert, dass Sie als Frau diese Frage stellen. Schließlich ist eher die umgekehrte Konstellation bekannt, zumindest aus zahlreichen Herrenwitzen. In diesem Fall wäre es schwierig zu antworten, ohne in den Ruch des Chauvinismus zu kommen – eine Beinote, die moralischen Ratschlägen schlecht bekommt.

Eigentlich scheint die Angelegenheit klar: Bei Ihrer Antwort handelt es sich um eine Lüge, und dass lügen unmoralisch ist, sollte sich langsam herumgesprochen haben. Doch natürlich gibt es Ausnahmesituationen. Wenn ein Räuber Sie mit vorgehaltenem Messer fragt, ob Sie Wertsachen dabeihaben, dürfen Sie ohne Skrupel »Nein« sagen, selbst wenn Sie am Knöchel eine Rolex tragen. Ob es klug ist, den Ganoven zu verärgern, steht auf einem anderen Blatt; unmoralisch ist es nicht. Wenn derselbe Mann irr mit den Augen rollt und fragt, ob Sie ihn mögen, dürfen Sie wiederum lügen – und diesmal wäre es noch dazu klug.

Die Frage Ihres Partners, ob Sie ihn zu dick finden, ist aber keine solche Ausnahmesituation, es sei denn, er hätte den irren Blick und ein Messer in der Hand. Eine Kränkung zu vermeiden, mag in einer Beziehung klug sein, moralisch ist es deshalb noch lange nicht. Trotzdem muss ein objektiv wahrheitswidriges »Nein« nicht immer unmoralisch sein. Dann nämlich nicht, wenn Sie und Ihr Partner sich einig sind, dass es sich um keine echte Frage handelt, sondern um ein Spiel: Er fragt, Sie sagen prompt: »Du bist nicht zu dick!«, doch in Wahrheit wissen Sie beide ganz genau, dass 15 Kilo runter müssen, und zwar so schnell wie möglich.

Ihrem Brief entnehme ich jedoch, dass es kein Spiel ist, sondern bitterer Ernst. Mein Vorschlag deshalb: Versuchen Sie es mit der Wahrheit. Und fügen Sie hinzu, dass Sie Ihren Mann so lieben, wie er ist. Das sollte dann allerdings auch stimmen.

»Als mein Mann und ich uns kennenlernten, waren wir beide Raucher. Ich habe irgendwann mit dem Rauchen aufgehört, mein Mann ein paar Jahre später ebenfalls. Jetzt hat mein Mann wieder angefangen. Ich empfinde den Geruch nun als abstoßend. Mein Mann meint, ich hätte ihn als Raucher kennen- und lieben gelernt und müsste ihn akzeptieren, wie er ist. Ich hingegen bin der Meinung, dass man sich im Laufe der Jahre auch weiter-entwickelt, wir beide aus Überzeugung zu Nichtrauchern wurden. Und dass er deshalb meinen Wunsch akzeptieren und mit dem Rauchen aufhören muss. Wer hat recht?«*

*Martina B., Herford*

Irgendwie musste ich, als ich Ihre Argumentation las, an Verbraucherrechte denken. Welche Rechte man hat, wenn eine Sache, in diesem Fall ein Ehepartner, nicht die Eigenschaften aufweist, die er haben sollte. Und was es bedeutet, wenn man die Sache oder den Partner mit bestimmten Eigenschaften gewählt hatte, die er dann nach langer Zeit der Benutzung plötzlich wieder hat. Obwohl er doch zwischenzeitlich schon mal bessere Eigenschaften gehabt hat. Entsteht da vielleicht so etwas wie ein Gewohnheitsrecht? Womöglich sollte man einmal in der EU-Verbraucherrichtlinie nachschlagen.

Interessant wäre das Ganze natürlich auch im Märchen: Was macht man, wenn sich der Prinz nach ein paar Jahren Ehe wieder in einen Frosch verwandelt? Darf man ihn dann zurückgeben? Und wenn ja, wem? Gibt es so etwas wie eine Gewährleistung für Zauber und Entzauberung? Vielleicht kommt ja demnächst die EU-Zauberrichtlinie. Wobei mir »Entzauberung« das richtige Stichwort zu sein scheint: Ich habe den Eindruck, dass es sich bei Ihnen darum handelt. Sicherlich ist es kein großer Spaß, als Nichtraucher mit einem Raucher liiert zu sein. Um beim Küssen den Geschmack von kalten Aschenbechern zu mögen, muss man vermutlich selbst Raucher sein. Oder verliebt. Als Sie aufgehört hatten und Ihr Mann noch nicht, scheint es Sie weniger gestört zu haben.

Worauf ich hinauswill: Natürlich könnte man sich jetzt überlegen, was mehr zählt: Wie der Partner bei Beginn der Partnerschaft war? Oder wie man sich gemeinsam weiterentwickelt hat – wozu ich tatsächlich tendieren würde. Aber ich glaube, das ist insgesamt der falsche Ansatz. Ich bin der Meinung, dass es in diesem Fall kein »Recht« gibt und dass man in Beziehungen Wünsche, die man an den Partner hat, nicht mit Rechten begründen sollte. Man hat generell keinen Anspruch darauf, wie ein Partner sein soll. Natürlich darf man Wünsche haben, sie durchaus auch äußern und auch auf den Partner einwirken, es geht schließlich um ein gemeinsames Leben, ein Zusammensein. Aber eben nicht um durchsetzbare Ansprüche.

Vor diesem Hintergrund fände ich es gut, wenn Ihr Mann Ihnen zuliebe wieder auf das Rauchen verzichtet. Aber genauso gut fände ich umgekehrt, wenn Sie es ihm zuliebe nicht fordern.

*»Mein Mann und ich wollen den Kilimandscharo bestei-*
*gen. Kürzlich diskutierten wir, ob der eine, falls der an-*
*dere während des Aufstiegs höhenkrank werden sollte,*
*allein den Weg zum Gipfel fortsetzen oder bei dem Kran-*
*ken bleiben solle. Ich würde bei meinem erkrankten*
*Bergpartner bleiben. Mein Mann ist der Meinung, der Ge-*
*sunde könne weiter zum Gipfel gehen, sofern die ange-*
*messene Betreuung des Kranken gewährleistet ist, denn*
*schließlich koste eine solche Reise auch jede Menge*
*Geld. Was meinen Sie dazu?«*        *Kristin B., Berlin*

Hoffentlich ist Ihnen klar, was für ein vermessenes Unterfangen Sie hier starten: Moral von unten hoch auf die
Berge zu tragen. Dabei pflegt das doch für gewöhnlich an-
dersherum zu geschehen, seit dem wohl bekanntesten
Moraltransport, bei dem Moses die Zehn Gebote vom Berge Sinai zum Volk hinab ins Tal brachte.

Dennoch wollen wir es pflichtgemäß versuchen,
schließlich geht es auch um Pflichten: gegenseitige Hilfe
und Unterstützung. Nicht nur ein Grundpfeiler jeder Beziehung, sondern auch eines der ehernen Gebote am Berg.
Dagegen zu verstoßen kann in beiden Konstellationen
tödlich sein: in der einen für die Liebe, in der anderen gar
für die Beteiligten selbst.

Kann man dann im Voraus auf sie verzichten? So hart es
klingt, ich finde: ja. Meines Erachtens können Erwachsene
mit klarem Verstand das Ausmaß wechselseitiger Pflich-

ten in weiten Grenzen frei vereinbaren, ohne dass es unmoralisch wird. Zumindest wenn, wie hier, die Versorgung sichergestellt ist. Allerdings kann man das – so wie Sie – auch anders sehen, im Sinne einer Care-Ethik, einer Ethik der Zuwendung, die sich nicht an Pflichten und Absprachen, sondern an persönlichen Bindungen, Fürsorglichkeit und Anteilnahme orientiert. Diese Sichtweise können Sie Ihrem Mann nun nicht aufzwingen. Sie haben jedoch völlig freie Wahl, ob Sie der Abmachung zustimmen und wie Sie mit seiner Einstellung umgehen; ob Sie mit jemandem, der so denkt, auf den Kilimandscharo gehen wollen – und durchs Leben. Und es bleibt ein Aspekt, der sich nicht durch Absprachen beseitigen lässt: Die Höhenkrankheit zeichnet sich auch durch eine psychische Komponente aus. Wenn gegebenenfalls ein zitterndes Häuflein Elend nicht nur nach Infusionen, sondern auch nach dem emotionalen Halt des Partners verlangt, hielte ich eine Berufung auf Abmachungen zumindest für herzlos.

*Literatur:*

Einen hervorragenden Überblick zur Care-Ethik (auch Feministische Ethik genannt) bietet das Kapitel »Feministische Ethik« in dem insgesamt sehr empfehlenswerten Buch Einführung in die Ethik von Herlinde Pauer-Studer, facultas WUV / UTB, Wien 2. Aufl. 2013

Herta Nagl-Docekal, Herlinde Pauer-Studer (Hrsg.), Jenseits der Geschlechtermoral. Beiträge zur feministischen Ethik, S. Fischer Verlag, Frankfurt am Main 1993

Die beiden Standardwerke sind:

Nel Noddings, Caring. A Feminine Approach to Ethics and Moral Education, University of California Press, Berkeley 1984

Carol Gilligan, In a different voice, Harvard University Press, Cambridge, Massachusetts, 1982; deutsch: Die andere Stimme. Lebenskonflikte und Moral der Frau, Piper Verlag, München 1984

*»Mein Gehalt liegt deutlich über dem meines Freundes. Daraus ergibt sich die Frage, wer wie viel zu gemeinsamen Ausgaben beisteuert. Wir haben uns geeinigt, dass wir unserem Einkommen entsprechend anteilig die Kosten teilen. Das bedeutet, dass ich mehr zahle. Hin und wieder äußert er Unbehagen darüber. Das kann ich verstehen, zumal ich ihn auch nicht in eine finanzielle Abhängigkeit bringen will. Aber sollte man das Ganze nicht im größeren Zusammenhang allgemeiner Gerechtigkeit sehen? Oder geht es sogar um etwas ganz anderes: die Auflösung der herkömmlichen Rollenverteilung?«*    *Karin F., Berlin*

Wenn es darum geht, innerhalb einer Gemeinschaft etwas zu verteilen, gibt es zwei grundsätzlich unterschiedliche Maßstäbe: egalitäre und nicht egalitäre. Egalitäre Maßstäbe verteilen an jeden gleich, nicht egalitäre ungleich. Ungleich zu verteilen mag im ersten Moment ungerecht klingen, muss es jedoch nicht sein. Im Gegenteil, es kann auch sehr ungerecht sein, vollkommen gleich zu verteilen. Nur wenige Eltern werden einem Fünfjährigen genauso viel Taschengeld geben wie seinem 15-jährigen Bruder. Und noch auffälliger wird das, wenn man es nicht nur auf die Verteilung von Gütern oder Geld, sondern auch auf die von Lasten bezieht: Vermutlich trägt der Fünfjährige beim Familienausflug einen leichteren Rucksack als sein Vater. Die Lasten auf beide Rücken gleichmäßig zu verteilen wäre hier zutiefst ungerecht, wie auch in jedem anderen Fall, in dem einer wesentlich breitere oder stärkere Schultern hat.

Allerdings ist, wie der Moralphilosoph Ernst Tugendhat in seinen *Vorlesungen über Ethik* schreibt, das egalitäre Prinzip das primäre: Es gilt, solange nicht relevante Gründe vorliegen, die es einschränken. Die würde ich hier in der finanziellen Leistungsfähigkeit sehen, sozusagen der Breite der Einkommensschultern. Moralisch nicht relevant wären hingegen Unterschiede, die man grundsätzlich zwischen Personen macht, also etwa dass Sie als Frau oder Ihr Freund als Mann mehr oder weniger bezahlen sollen.

Jedoch haben alle nicht egalitären Maßstäbe ein Problem: Während es nur einen egalitären Maßstab gibt – jeder bekommt das Gleiche – gibt es unendlich viele andere Verteilungsmöglichkeiten. Entsprechend schwer ist es zu entscheiden, welche davon richtig sind, und: Gehört Ihre dazu? Auch wenn es Ihnen nicht bewusst sein sollte, Ihre Regelung, im Verhältnis Ihrer beiden Einkommen zu zahlen, entspricht der Empfehlung von Aristoteles in seiner Nikomachischen Ethik, der bei der Verteilungsgerechtigkeit – und die gilt eben auch bei Lasten – für eine geometrische Proportionalität plädierte: »In ihr verhält sich das Ganze zum Ganzen wie das Glied zum Glied.« Ihre Beiträge zu den gemeinsamen Unternehmungen wären hier das Glied und Ihre jeweiligen Einkommen das Ganze. Und Sie können sich vielleicht vorstellen, dass ich eine Regelung, die sich an Aristoteles orientiert, im Hinblick auf Gerechtigkeit für ziemlich gelungen halte.

*Literatur:*

Ernst Tugendhat, Vorlesungen über Ethik, Suhrkamp Verlag, Frankfurt am Main 1993, dort die 18. Vorlesung: Gerechtigkeit, S. 364 ff.

*»Seit Jahren dreht sich meine Beziehung letztlich um die Frage: Wie stark darf das eigene Ego innerhalb einer Partnerschaft oder Ehe ausgeprägt sein, ohne den anderen dadurch zu verletzen? Ist es zum Beispiel in Ordnung, regelmäßig allein Urlaub zu machen? Kann man dann trotzdem von einer ganz normalen Ehe oder Partnerschaft sprechen? Oder sollte derjenige, der das tut, ein schlechtes Gewissen haben?«* Marcus T., Bremen

Was will man denn in einer Beziehung oder gar einer Ehe, wenn man seine Zeit lieber allein verbringt?, wird nun mancher fragen. Und die Frage ist berechtigt. Allerdings nicht als rhetorische Frage mit vorgegebener Antwort, sondern als echte, offene Frage. Eine Frage, die sich an die beiden Partner richtet, die nur die beiden beantworten können und deren Antwort für jede Beziehung anders ausfällt.

Man kann Beziehungen und vor allem die Ehe als ihre institutionalisierte Form grundsätzlich auf zwei Arten auffassen: mit von wem auch immer gegebenen Vorgaben oder als eine Verbindung zwischen zwei Menschen, die das Recht haben, die Bedingungen ihrer Verbindung in weitem Umfang festzulegen. Mir scheint die zweite Auffassung richtig, auf jeden Fall solange keine Kinder da sind, deren Bedürfnisse mit berücksichtigt werden müssen. Die Idee, das Prinzip einer Institution sollte wichtiger sein als die zwei individuellen Menschen selbst und deshalb über ihnen stehen, lässt sich nur schwer vereinbaren mit der Vorstellung vom freien Menschen, der sein eigener Zweck ist.

Was aber, wenn die beiden Partner – wie wohl bei Ihnen – unterschiedliche Wünsche haben? In diesem Fall kann man miteinander sprechen, versuchen, sich zu einigen, sich arrangieren, eventuell Kompromisse finden. Oder, wenn das alles nicht gelingt, feststellen, dass die Vorstellungen von dem, wie man glücklich werden will, zu weit auseinanderliegen, und die Konsequenzen ziehen.

Dies könnte dafür sprechen, doch zu definieren, was in einer Partnerschaft normal ist. Aber was würde das in Ihrem Fall bedeuten? Dass einer von beiden oder beide sich dieser Norm zu beugen hätten, egal wie unglücklich sie dabei werden? Oder man zumindest feststellen kann, wer »recht hat«? Was hätten die Partner davon? Es geht doch darum, dass diese beiden Menschen eine für sie passende Lebensform finden. Wie die aussehen soll, können nur Sie beide gemeinsam (!) festlegen. Und wenn die Vorstellungen zu weit voneinander abweichen, hilft es wenig zu wissen, dass einer von beiden die Norm auf seiner Seite hat. Im Gegenteil: Wer eher bereit ist, eine Norm anzuerkennen, als sich mit den Wünschen und Bedürfnissen seines Partners auseinanderzusetzen, sollte überlegen, ob er nicht lieber ein Gesetzbuch oder den Katechismus heiraten will.

*Literatur:*

Immer empfehlenswert zu lesen ist Bertrand Russell, in diesem Fall sein Buch »Ehe und Moral«, in dem er allerdings – ungewöhnlich für ihn als Liberalen – relativ klare Vorstellungen entwickelt, wie eine gute Ehe aussieht: Bertrand Russell, Ehe und Moral, Kohlhammer Verlag, Stuttgart 1951.

Karl Lenz, Soziologie der Zweierbeziehung – Eine Einführung, Verlag für Sozialwissenschaften, 4. Aufl., Wiesbaden 2009

»Mein Freund hat einen fünfjährigen Sohn, um den er sich sehr lieb kümmert. Nun will er Weihnachten mit ihm feiern – zusammen mit seiner Exfreundin, mit der er den Sohn hat, und zwar bei deren Eltern, die weiter weg wohnen. Aber mir bedeutet Weihnachten sehr viel, und ich würde es gerne mit ihm verbringen. Darf ich mir das von ihm wünschen?«                    Constanze C., München

Mit wem wollen Sie Weihnachten verbringen? Komische Frage, mit meinem Freund, werden Sie vielleicht antworten. Aber was meinen Sie damit – Ihren Freund oder das Objekt Ihrer Liebe? Das ist etwas anderes oder zumindest ein anderer Schwerpunkt: Einmal geht es in erster Linie um Sie und Ihre Liebe, und einmal um die Person Ihres Freundes, um das, was ihn ausmacht.

Das leitet hin zur entscheidenden Frage: Würden Sie Ihren Freund genauso mögen, wenn er nicht das Bedürfnis, das Verantwortungsgefühl und auch die Liebe hätte, Weihnachten gemeinsam mit seinem kleinen Sohn zu begehen, der mit getrennten Eltern aufwächst? Oder schätzen Sie vielleicht gerade diese Eigenschaften an ihm? Dann gälte das englische Sprichwort: You can't have your cake and eat it. Sie können nicht beides haben: einen Freund, der verantwortungsvoll und liebevoll ist, und einen Freund, der gern bereit ist, nicht mit seinem fünfjährigen Sohn Weihnachten zu feiern.

Die Situation ist nicht ideal, aber sie ist so, wie sie ist.

Sie bekommen Ihren Freund nicht ohne die Tatsache, dass er einen Sohn hat. Das bedeutet, dass Sie ihn zumindest zeitlich teilen müssen, und das fällt zu einem Anlass wie Weihnachten nun einmal besonders auf. Sie leben in einer Patchworksituation, und die erfordert von allen etwas Flexibilität. Idealerweise würden Sie sich absprechen und eine gemeinsame Lösung finden. Die ist oft nicht so einfach, weil manche Beteiligten sich vielleicht sperren, aber dann muss man sich auch damit arrangieren.

Es zeugt von einem Maß an Voraussicht, das schon fast an göttliche Fügung denken lässt, dass man, als sich die Verbreitung von Patchworkfamilien noch nicht einmal am Horizont abzeichnete, Weihnachten mit zweieinhalb Feiertagen ausstattete und das eisern beibehielt, bis es heute (endlich) einen wirklich praktischen Sinn bekommen hat und man die Feiertage auch aufteilen kann.

*Literatur:*

Zur Geschichte der Weihnachtsfeiertage: Philipp Harnoncourt, Weihnachtsoktav, in: Walter Kasper (Hrsg.), Lexikon für Theologie und Kirche (LThK), 3. Aufl., Verlag Herder, Freiburg im Breisgau 2001, Bd. 10: Thomaschristen bis Zytomyr

Zur Problematik des Besitzenwollens als Teil der Liebe siehe Hannah Arendts von Karl Jaspers betreute Dissertation: Hannah Arendt, Der Liebesbegriff bei Augustin, Philo Verlag, Berlin / Wien 2003

Der Herausgeber Volker Lütkehaus zitiert in seinem Vorwort zu der von ihm herausgegebenen Dissertation neben der bekannten Sentenz »amo, volo ut sis« – »Ich liebe, ich will, dass Du seiest, (was Du bist)«, den weniger bekannten Satz von Augustinus, der fast das Gegenteil beinhaltet und vermutlich der Realität oft näher kommt: »Non enim amas in illo quod est; sed quod vis ut sit« – »Du liebst in jenem nämlich nicht, was er ist, sondern was du willst, dass er es sei.« (S. 12)

*»Mein Partner ist Fußballer und sieht sich gerne Spiele mit seinen Freunden in der Kneipe an. Ich bin nicht so interessiert, aber EM und WM schaue ich sehr gerne in Gesellschaft. Weil wir kleine Kinder haben, die auswärts nicht schlafen, kann ich nicht woanders schauen. Kann ich verlangen, dass er jetzt bei der EM bei Deutschland-Spielen bei mir zu Hause bleibt?«* Eva H., München

Bei moralischen Fragen ist es immer gut, sich in den anderen hineinzuversetzen. Und wenn Sie das tun, erkennen Sie, dass Ihrem Partner viel daran liegt, als aktiver Fußballer die EM-Spiele zusammen mit seinen Freunden und Mitfußballern zu sehen. Nach der so gewonnenen Perspektive sollten Sie ihn also die Spiele in der Kneipe ansehen lassen.

Interessant wird es allerdings, wenn man die Sache auch von seiner Seite her angeht. Er sollte sich in Ihre Position versetzen und dann umgekehrt erkennen, dass Sie, während alle Welt zusammen jubelt – oder weint –, nicht allein zu Hause sitzen wollen. Er sollte also bei Ihnen bleiben.

Was nun? Zunächst muss man feststellen, dass der Wechsel der Perspektive, der Grundgedanke der goldenen Regel, bei widerstreitenden berechtigten Interessen nicht weiterhilft. Man muss versuchen, eine objektive Position und objektive Argumente zu finden. Und da würde ich in diesem Fall den Grundsatz sehen, dass Kinder ein gemeinsames Projekt eines Paares sind und das Paar deshalb versuchen sollte, dieses Projekt auch gemeinsam zu stemmen. Insofern erscheint es mir gerecht, wenn Sie, solange die Kinder so klein sind, dass Sie nicht auswärts EM schauen können, das gemeinsam zu Hause tun.

So gesehen ist alles klar. Fast. Sie haben nämlich außer den Kindern noch ein weiteres gemeinsames Projekt: Ihre Partnerschaft. Und innerhalb einer Partnerschaft kann man aus Liebe auf Dinge verzichten, auf die man ein Recht hat. Wenn Sie erkennen, dass Ihrem Partner wirklich viel am Schauen mit den Freunden liegt, wäre es schön von Ihnen, ihm das zu gönnen. Das gilt umgekehrt für ihn natürlich genauso Ihnen gegenüber, aber hier haben Sie mich gefragt und nicht er, deshalb kann ich auch nur Ihnen etwas raten. Taten aus Liebe sollte man besser vollbringen als verlangen oder erwarten. Auch zugunsten der Beziehung.

*Literatur:*

Zur goldenen Regel:

Alfred Bellebaum, Heribert Niederschlag (Hrsg.), Was Du nicht willst, dass man Dir tu' ... Die Goldene Regel – ein Weg zum Glück?, UVK Universitätsverlag, Konstanz 1999

Otfried Höffe, Goldene Regel, in: Otfried Höffe (Hrsg.), Lexikon der Ethik, Verlag C. H. Beck, München, 7. Aufl. 2008

Eine tiefer gehende Analyse der Goldenen Regel findet sich in dem Kapitel »Was Du nicht willst ... Die Goldene Regel und ihre Schwächen« in: Rainer Erlinger, Nachdenken über Moral. Gewissensfragen auf den Grund gegangen, Fischer Taschenbuch Verlag, Frankfurt am Main 2012, S. 123–160

Zum Handeln aus Liebe siehe S. 40.

»*Ich bin gegen Überwachung, besonders im Internet. Müsste ich zwischen Freiheit und Sicherheit wählen, wäre es immer Freiheit. Nun bat mich eine geliebte Person, ihr die Mechanismen sozialer Netzwerke näher zu erklären. Sie braucht das Fachwissen, in ihrem neuen Job geht es darum, potentielle Verbrecher online zu erkennen, bevor sie zu Tätern werden. Verrate ich mit meiner Hilfe meine Prinzipien?*«* Alex C., Köln*

Der Fall ist deshalb schwierig, weil vier Werte bei der Abwägung betroffen sind: Freiheit, hier des Internets, Sicherheit, hier Straftaten zu verhindern, Ihre Prinzipien und die Beziehung zu der von Ihnen geliebten Person.

Wie Freiheit und Sicherheit in der Abwägung zu gewichten sind, hängt stark von den konkreten Umständen ab. Wenn ausgewertet werden soll, was jemand öffentlich im Internet postet, ist das etwas anderes, als wenn es darum geht, in dessen Account einzubrechen. Und die Verhinderung der Tötung eines Menschen rechtfertigt tiefere Eingriffe als der Schutz vor Ladendiebstahl. Deshalb hielte ich persönlich, sosehr ich Ihre Wertschätzung der Freiheit teile, einen absoluten Vorrang gegenüber Sicherheit für falsch. Mir sind die deutschen Waffengesetze lieber als die in den USA. Aber die Prioritäten setzen Menschen dabei unterschiedlich.

Der eigentliche Konflikt entsteht erst nach dieser Abwägung. Spricht sie gegen einen Eingriff in die Freiheit, fände ich es schwierig, wenn Sie diese Abwägung zugunsten von Grundrechten anderer Ihrer eigenen Liebe wegen über Bord würfen. Darin sähe ich einen eigennützigen Verrat an den Grundrechten.

Tendiert die Abwägung hingegen zu einem Eingriff in die Freiheit, stellt sich die Frage, ob das Einhalten von Prinzipien es rechtfertigt, sich dennoch gegen diesen Eingriff zu stellen. Ich bin kein Freund von kategorischen persönlichen Prinzipien, kann aber verstehen, dass man sich nicht zu sehr verbiegen will. Deshalb hielte ich es für falsch, wenn Sie die Tätigkeit der geliebten Person verhinderten, sehe jedoch keine Pflicht Ihrerseits, daran aktiv mitzuwirken, solange man Ihr Wissen auch anderswo erlangen kann.

Und schließlich die Abwägung zwischen Ihren Prinzipien und Ihrer Liebe: Nun, die können nur Sie selbst treffen.

*Literatur:*

Zur Freiheit:

Isaiah Berlin, Freiheit. Vier Versuche, S. Fischer Verlag, Frankfurt am Main 2006

Zur Integrität (hier der Frage, wie weit man sich verbiegen kann, will und soll):

Bernard Williams, Kritik des Utilitarismus, Klostermann, Frankfurt am Main 1979, dort S. 61 ff. mit den beiden berühmten Fallbeispielen von Chemiker Georg und Jim in Südamerika.

Arnd Pollmann, Integrität, transcript Verlag, Bielefeld 2005

*»Meine Freundin macht mit einer Bekannten Urlaub in Kroatien. Sie sind mit dem Zelt unterwegs und machen die Dauer ihres Aufenthalts vom Wetter abhängig. Als die Vorhersage für Kroatien Regen meldete, habe ich mich spontan gefreut. Ist das fies von mir? Oder doch okay, weil ich mich ja nur freue, dass sie dann wieder früher bei mir ist?«* Oliver B., Hagen

Wer könnte etwas gegen den Wunsch vorbringen, die Geliebte möglichst schnell wieder in die Arme zu schließen? Die Antwort lautet: ich. Aber nicht, weil ich der Liebe Grenzen setzen will, sondern im Gegenteil, weil ich genau das vermeiden möchte.

»Nihil enim aliud est amare, quam propter se ipsam rem aliquam appetere.« Denn zu lieben ist nichts anderes, als eine Sache um ihrer selbst willen zu begehren. Mit dieser Definition der Liebe durch den Kirchenlehrer Augustinus begann die Philosophin Hannah Arendt den ersten Teil ihrer Dissertation über den Liebesbegriff bei Augustinus. Man kann diesen Satz, speziell »propter se ipsam« – um ihrer selbst willen – auf zweierlei Arten deuten. Einmal so, wie es Arendt tut, nämlich dass die begehrte Sache das Endziel des Begehrens ist und nicht als Mittel für eine andere Sache dient. Dies erinnert an Aristoteles' Definition des vollkommen Guten als Endziel, das er in der Glückseligkeit sieht, und auch Arendt nennt die begehrte Sache ein »bonum«, etwas Gutes.

Ich würde jedoch »propter se ipsam appetere« – um ihrer selbst willen begehren – im Zusammenhang mit der Liebe gern anders deuten: Liebe zu einem Menschen begehrt diesen Menschen zwar, aber nicht im Sinne des Habenwollens, Besitzenwollens, denn dann wäre das eigentliche Endziel nicht der oder die andere, sondern das eigene Glück des Besitzens, man selbst. Wahre Liebe bedeutet, nicht in erster Linie zu wollen, dass man den geliebten Menschen besitzt, sodass man selbst glücklich ist, sondern ihn oder sie in der Verbindung mit einem selbst glücklich zu wissen.

Übertragen auf Ihren Fall müssten also Ihre eigenen Wünsche, Ihre Freundin bei sich zu haben, zurücktreten gegenüber dem Wunsch, dass es ihr gut geht. Ist es nun verwerflich, wenn das bei Ihnen nicht der Fall ist? Ich glaube nicht, denn es geschieht trotz allem aus Liebe. Schöner wäre es dennoch anders.

*Literatur:*

Hannah Arendt, Der Liebesbegriff bei Augustin. Versuch einer philosophischen Interpretation, Dissertation, Heidelberg 1928. Neu herausgegeben und mit einem Vorwort versehen von Ludger Lütkehaus, Philo Verlag Berlin, Wien, 2. Aufl. 2005

Aristoteles, Nikomachische Ethik, 1. Buch 5. 1097 a 25 ff. Gute Übersetzungen gibt es von Olof Gigon bei dtv, München 1991, und Ursula Wolf im Rowohlt Taschenbuch Verlag, Reinbek bei Hamburg 2006

# Die Schattenseiten

Über Eifersucht und Seitensprung

*»Ich lebe seit neun Jahren in einer festen Beziehung. Mein Freund und ich – wir lieben uns und teilen alles. Neulich war ich abends aus und habe einen scharfen Typ kennengelernt. Wir hatten schnellen Sex; ich weiß noch nicht mal seinen Namen. Es ist das erste Mal, dass mir so etwas passiert ist. Der Zwischenfall hat keine Bedeutung für meine Beziehung. Dennoch plagt mich mein Gewissen. Muss ich meinem Partner von diesem Erlebnis erzählen?«* Antonia R., München

Zunächst ist zu hoffen, dass der Sex nicht zu schnell war, um noch an Kondome zu denken. Und falls doch, dass es seine waren, nicht Ihre. Nach neun Jahren Monogamie dürfte nämlich nur noch eins von beiden wirklich fest sein: Ihre Kondome oder Ihre Beziehung. Denn wenn Sie ungeschützten Geschlechtsverkehr mit einem Mann hatten, von dem Sie nicht einmal den Namen kennen, haben Sie jetzt ganz andere Sorgen. Gelingt es Ihnen, Ihrem Partner ohne Beichte zu erklären, warum er bis zum Ergebnis des HIV-Tests plötzlich Kondome verwenden soll, sind Sie ohnehin eine professionelle Lügnerin. Und wenn Sie nach dieser Sache weiterhin mit dem Mann, den Sie lieben, ungeschützt Sex haben, wäre es unangebracht, sich um moralische Grenzfragen zu kümmern.

War dagegen Ihr Verstand genauso scharf wie der Typ, stehen nicht die medizinischen, sondern die moralischen Gründe im Mittelpunkt der Überlegung. Wenn Sie nämlich schweigen, verletzen Sie das Vertrauen Ihres Partners und damit die Grundlage Ihrer Beziehung. Andererseits: Wenn Sie reden, verletzen Sie ihn selbst. Sie müssen sich also moralisch zwischen Scylla und Charybdis entscheiden. Der eigentliche Schaden ist nämlich schon vorher eingetreten, jetzt können Sie ihn nur mehr begrenzen. Sie sollten sich vor allem klar machen, was Sie von Ihrem Freund erwarten: Vergebung. Diese ist eine hohe Tugend, weil sie der Nächstenliebe Vorrang vor Gerechtigkeit einräumt und Voraussetzung des guten Gewissens ist. Die Entscheidungsbefugnis darüber steht allerdings Ihrem Freund zu und nicht Ihnen. Allerdings müssen Sie sich davor hüten, nun allein zugunsten Ihres Seelenfriedens von Ihrem Freund einen Beweis seiner Liebe zu fordern.

Entscheidend ist, warum Sie sich mit dem Typen eingelassen haben. Den Menschen, den man liebt, betrügt man nicht. Wenn der Affäre aber auch eine Unzufriedenheit mit Ihrer Beziehung zugrunde liegt, sollten Sie vor allem das mit Ihrem Freund besprechen. Denn sonst setzen Sie den Betrug im Kopf fort.

*»Meine beste Freundin betrügt ihren Freund – das erzähl-te sie mir unter dem Siegel der Verschwiegenheit. Nun gerate ich jedes Mal, wenn ich ihren Lebensgefährten se-he, in einen fürchterlichen Zwiespalt. Soll ich ihm etwas andeuten oder sogar den Betrug deutlich ansprechen? Dann hätte ich in der Rolle der besten Freundin versagt (und würde meine Freundin wohl verlieren), aber ich könnte mir selbst und ihrem Freund wieder in die Augen blicken. Oder soll ich den Mund halten, so wie sie es erwartet?«* Anne O., München

Manchmal wäre ich gern Gesetzgeber. Als solcher würde ich die beste Freundin in den Paragraph 203 des Strafge-setzbuches aufnehmen, zwischen Arzt, Rechtsanwalt und andere Berufe, denen Geheimnisse anvertraut werden. Auch die beste Freundin sollte mit Gefängnis bestraft werden, wenn sie ihr in dieser Funktion Mitgeteiltes of-fenbart. Jawohl, Sie gehören in den Moralknast, falls Sie den Freund informieren, denn es geht hier um Vertrauen und dessen Bruch ist strafwürdig!

Natürlich gibt es Grenzen und in speziellen Situatio-nen auch eine Offenbarungspflicht. Hätte Ihnen Ihre Freundin gestanden, sie plane den Derzeitigen zu vergif-ten, um freie Bahn zu haben, dann sollten Sie dem Ärms-ten nicht aus falsch verstandener Solidarität »Guten Ap-petit« zur Pilzsuppe wünschen.

Aber auch so dürfen Sie etwas unternehmen – solange

es innerhalb des Vertrauensverhältnisses bleibt: Sie können auf Ihre Freundin einwirken, das Fremdgehen zu beenden oder zumindest dem Partner die Wahrheit zu sagen. Sie können von ihr verlangen, dass Sie in Zukunft nicht mehr eingeweiht werden wollen. Und Sie können ihr notfalls auch die Freundschaft kündigen, wenn Sie ihr Verhalten als so verwerflich empfinden, dass Sie sich zum Einschreiten gezwungen fühlen. Wollen Sie das aber nicht, haben Sie kein Recht, zur Verbesserung Ihres Wohlbefindens die Freundin zu verraten. Freundschaft dient nicht nur dem persönlichen Vergnügen, sie ist ein eigener moralischer Wert und deshalb verpflichtet sie auch.

*Quellen:*

Strafgesetzbuch (StGB)

§ 203 Verletzung von Privatgeheimnissen

(1) Wer unbefugt ein fremdes Geheimnis, namentlich ein zum persönlichen Lebensbereich gehörendes Geheimnis oder ein Betriebs- oder Geschäftsgeheimnis, offenbart, das ihm als
1. Arzt, Zahnarzt, Tierarzt, Apotheker oder Angehörigen eines anderen Heilberufs, der für die Berufsausübung oder die Führung der Berufsbezeichnung eine staatlich geregelte Ausbildung erfordert,
2. Berufspsychologen mit staatlich anerkannter wissenschaftlicher Abschlußprüfung,
3. Rechtsanwalt, Kammerrechtsbeistand, Patentanwalt, Notar, Verteidiger in einem gesetzlich geordneten Verfahren, Wirtschaftsprüfer, vereidigtem Buchprüfer, Steuerberater, Steuerbevollmächtigtem oder Organ oder Mitglied eines Organs einer Rechtsanwalts-, Patentanwalts-, Wirtschaftsprüfungs-, Buchprüfungs- oder Steuerberatungsgesellschaft, [...] anvertraut worden oder sonst bekanntgeworden ist, wird mit Freiheitsstrafe bis zu einem Jahr oder mit Geldstrafe bestraft. [...]

*»Meine beste Freundin ist schon lange mit ihrem Freund zusammen. Nun habe ich letzte Woche erfahren, dass der Freund sie häufig betrogen hat. Eigentlich bin ich der Meinung, er solle es ihr selbst sagen, aber ich kenne ihn gut und bin sicher, dass er es von allein nicht tun wird. Soll ich ihn dazu zwingen? Habe ich das Recht, mich in die Beziehung einzumischen und es meiner Freundin selbst zu sagen?«*      *Ariane T., Berlin*

Gemessen an der Zahl der Zuschriften scheint das Reden über Seitensprünge mehr Gewissensprobleme zu bereiten als der Vorfall selbst – in unterschiedlichen Konstellationen. Vor einiger Zeit sah ich in einem sozusagen spiegelbildlich gelagerten Fall – die beste Freundin hatte eröffnet, ihren Partner betrogen zu haben – die Vertrauensperson einem Beichtvater gleich verpflichtet, über das ihr im Freundschaftsverhältnis Anvertraute zu schweigen. In Ihrem Fall hingegen halte ich Sie für verpflichtet zu handeln, gegebenenfalls Ihre Freundin zu informieren.

Warum? Dreh- und Angelpunkt ist in beiden Fällen die Freundschaft. Der Moralphilosoph Anton Leist zieht sie in seiner *Ethik der Beziehungen* als Modell für moralische Beziehungssysteme in der Gesellschaft heran. Für ihn ist sie nicht zu erhalten ohne das Befolgen bestimmter Pflichten, etwa die Hilfe nicht nur in Notsituationen oder das vertrauensvolle Gespräch. An dieser Stelle möchte ich einhaken: Ebenso wie man das innerhalb der

Freundschaft Anvertraute für sich behalten muss, besteht die Pflicht, einer Freundin etwas mitzuteilen, wenn es für deren Leben Bedeutung hat. Einem vertrauten Menschen eine wichtige Information absichtlich vorzuenthalten wäre für mich eine Unaufrichtigkeit. Ihre Freundin mit Bedacht im Unklaren zu lassen hieße sich anzumaßen, an ihrer Stelle über die Folgen zu entscheiden, im Endeffekt, sie zu entmündigen. Andererseits gibt es ein Recht auf Nichtwissen; Ihre Freundin darf sich der Information verschließen, auch das gehört zur Autonomie.

Ihre sicherlich nicht leichte Aufgabe sehe ich demnach darin, sich keinesfalls »taktvoll« herauszuhalten, sondern ihr mit dem Einfühlungsvermögen eines eng vertrauten Menschen – Ihre beste Freundin sollten Sie gut kennen – die Information klar anzubieten, aber nicht aufzudrängen. Tun Sie nichts oder gehen Sie zu brachial vor, nehmen Sie ihr Chance und Recht, wichtige Aspekte ihres Lebens selbst zu bestimmen.

*Literatur:*

Anton Leist, Ethik der Beziehungen, Akademie Verlag, Berlin 2005

*»Meine Freundin lässt in Gesprächen gelegentlich fallen, dass sie den einen oder anderen Verehrer hat. Das überrascht mich nicht, denn sie ist eine wundervolle Frau. Ich neige nicht zu Eifersucht und vertraue ihr. Nun hält sie Eifersucht für einen Beweis echter Liebe und wirft mir vor, es nicht ernst mit ihr zu meinen. Muss ich Eifersucht lernen?«*                           *Jens. M., Hamburg*

Eifersucht hat einen schlechten Leumund. Nicht nur, weil sie, speziell im Übermaß, das Potential zum Zerstören einer Beziehung in sich trägt, sondern weil sie zwei Ideen der Liebe entgegenläuft: nicht besitzen zu wollen sowie Vertrauen.

Das Idealbild der Liebe ist, dass sie das Geliebte um seiner selbst willen begehrt. Mit anderen Worten, die ideale Liebe will, dass der oder die Geliebte glücklich ist, und nicht, ihn oder sie zu besitzen. Zudem schließen sich vollständiges Vertrauen in die Liebe der geliebten Person und Eifersucht logisch aus. Anders als Ihre Freundin meint, ist deshalb Eifersucht kein Beweis für echte Liebe, eher umgekehrt.

Zumindest in der Theorie. Oder unter Heiligen und perfekten Menschen. Die britische Philosophin Frances Berenson wies darauf hin, dass diese Sichtweise außer Acht lässt, wie menschliche Wesen wirklich sind. Man könne nicht ignorieren, wie die meisten Menschen tatsächlich empfänden: »Jemanden zu lieben, ohne jemals

Eifersucht zu spüren, würde die Ernsthaftigkeit und Tiefe der Liebe in Frage stellen (...) Hier geht es darum, dass, wenn mir eine bestimmte Beziehung alles bedeutet in dem Sinne, dass sie mein Leben lebenswert macht, die Art und Weise, wie ich das Leben sehe, beeinflusst, wertvoll ist für mich, dann wird alles, was diese Beziehung bedroht, ganz natürlich mit Feindseligkeit und Besorgnis angesehen.«

Eine der größten Gefahren für die Liebe ist, dass man den geliebten Menschen als selbstverständlich und sicher gegeben ansieht, dass er oder sie zum Möbelstück im eigenen Leben verkommt. Dem vermag ein gesundes Maß an Eifersucht entgegenzuwirken. Wenn Sie Heiliger oder Zen-Meister sind, ist Ihre Haltung folgerichtig. Bei gewöhnlichen Sterblichen dagegen schwierig. Auch für Ihre Freundin.

*Literatur:*

Daniel Ferrell, Über Eifersucht und Neid, in: Philipp Balzer, Klaus Peter Rippe (Hrsg.) »Philosophie und Sex. Zeitgenössische Beiträge«, dtv, München 2000, S. 113–146

Christoph Demmerling, Hilge Landweer, »Philosophie der Gefühle«, J. B. Metzler Verlag, Stuttgart 2007, S. 195–217

Wolfgang Lenzen, »Liebe, Leben, Tod. Eine moralphilosophische Studie«, Reclam Verlag, Stuttgart 1999, S. 87 ff.

Jerome Neu, »Jealous thoughts«, in: A. O. Rorty (Hrsg.), »Explaining Emotions«, University of California Press 1980, S. 425–463

Frances Berenson, »What is this Thing Called 'Love'?«, Philosophy, Bd. 66, Heft 255, Januar 1991, S. 65–79, speziell S. 73–75

Hannah Arendt, Der Liebesbegriff bei Augustin, Dissertation, Heidelberg 1928, neu herausgegeben und mit einem Vorwort von Ludger Lütkehaus, Philo Verlag, Berlin 2003

»Wenn ich mit meinen Freunden weggehe, flirte ich gern mal mit anderen Frauen. Weil meine Freundin leicht eifersüchtig wird, verheimliche ich ihr das – auch damit sie sich keine Sorgen macht. Nun hat sie meine E-Mails gelesen, nachdem sie irgendwie mein Passwort herausgefunden hatte. Darunter war auch eine Mail von einer Bekannten, die meine Freundin völlig überinterpretiert hat. Sie sieht nicht ein, dass ich nichts von den Flirts erzähle, ich kann nicht verstehen, wie sie es wagen kann, meine Mails zu lesen. Was wiegt Ihrer Meinung nach schwerer?«*

Björn D., Berlin

Am schwersten wiegt, glaube ich, auf die Idee zu verfallen, man könne Falsches gegeneinander aufwiegen und dann den zum Sieger küren, der weniger falsch gehandelt hat. Etwas Unrechtes wird nicht durch das Fehlverhalten eines anderen plötzlich gut. Und keiner von Ihnen sollte sich besser fühlen, weil der Partner auch keine weiße Weste hat. Denn eines steht fest: Bei der Aktion haben Sie sich beide nicht gerade mit Ruhm bekleckert.

Wenn ich höre, dass jemand Passwörter knackt und unbefugt fremde Post liest, bleibt mir fast die Spucke weg. Das ist nicht nur falsch, das ist kriminell! Und zwar unabhängig davon, ob dieses Tun jetzt tatsächlich gegen Gesetze verstößt. Es widerspricht auf jeden Fall Grundregeln menschlichen Zusammenlebens. Ich kann auch keine Rechtfertigung erkennen; etwa, weil Ihre Freundin ja tatsächlich etwas entdeckt hat, das Sie ihr verheimlicht hatten. Auch wenn er reich Früchte trägt – der verbotene Baum ist und bleibt verboten.

Und Sie können sich zwar Sätze zurechtlegen wie »damit sie sich keine Sorgen macht«, damit aber Ihre Rolle nicht schönreden. Vielleicht bin ich ein wenig schwer von Begriff, aber ich verstehe nicht, wie ein Bar-Flirt mit Mails zusammenhängt – falls Sie nicht Ihre Mail-Adresse auf die Stirn tätowiert tragen. Wie dem auch sei: Entscheidend ist hier nicht etwas objektiv Erlaubtes oder Verbotenes, sondern die Ehrlichkeit in einer Beziehung. Die aber hat auf jeden Fall gelitten.

Nein, tut mir leid, ich bin kein Ethik-Paris, der den rostigen Apfel an den im Vergleich noch Moralischeren vergibt. Insgesamt: gewogen und für zu leicht befunden.

*Quellen:*

Die Geschichte von Paris, der mit der Verleihung des goldenen Apfels für die Schönste an Aphrodite sich den Hass der beiden Unterlegenen Hera und Athene zuzog, was letztlich zum Untergang der Stadt Troja führte, findet sich im Kapitel »Priamos, Hekabe und Paris« bei Gustav Schwab, Sagen des klassischen Altertums. Es gibt sie in vielen Ausgaben, z. B. im Droemer Knaur Verlag, München 2001.

»Gewogen und für zu leicht befunden« geht auf die Geschichte vom Gastmahl des Belsazar in der Bibel zurück, aus der auch der Ausdruck »Menetekel« stammt. Daniel 5,1 ff., 27

*»Bei einem Ausflug nach Berlin habe ich mich mit einem netten Mann vergnügt. Sein Bekenntnis, er sei verheiratet, habe ich anfangs als Scherz aufgefasst, als es ›zur Sache‹ ging, wusste ich es aber. Zu meiner Verteidigung kann ich sagen, dass er mich angesprochen hat – und nicht umgekehrt. Ich habe ihn sogar noch einmal gefragt, ob er das für eine gute Idee hält, fand dann aber, dass es in seiner, nicht meiner Verantwortung liegt. Nun frage ich mich, ob der One-Night-Stand in Ordnung war. Was meinen Sie?«* Monika S., Köln

Zunächst wollte ich Ihnen zustimmen: Eine Ehe ist ein Band zwischen zwei Personen. Es zu bewahren ist Sache dieser beiden. Nachdem Ihr netter Berliner volljährig ist und Sie ihn nicht »verführt« haben, trägt er die Verantwortung. Schließlich ist er verheiratet und nicht Sie. Aber je länger ich darüber nachdenke, desto mehr bin ich überzeugt, dass man es sich damit zu leicht macht. Sucht man nach einer Begründung, landet man unweigerlich beim zehnten Gebot: »Du sollst nicht begehren deines Nächsten Weib.« Nur folgen dem in der Bibel »Knecht, Magd, Rind, Esel noch alles, was dein Nächster hat«. Deshalb sieht die Theologie in diesem Gebot vor allem eine Grenze für das Begehren als solches – es soll den Neid, nicht den Seitensprung verhindern.

Im Rat des Schuruppag, einem altbabylonischen Weisheitstext, liest man: »Mit einer verheirateten jungen Frau sollst du kein Spiel treiben: Die üble Nachrede ist überaus groß.« Das ist zwar klar formuliert, allein die Begründung wirkt eher dünn. Ich denke, der eigentliche Punkt liegt woanders. Auch Sie sehen im Fremdgehen ein Fehlverhalten, das allerdings nur das Verhältnis der beiden Eheleute betrifft. Diesem breiten Grundkonsens auch außerhalb des Religiösen entspricht das sechste Gebot: »Du sollst nicht ehebrechen.« Fraglich bleibt also allein, ob Sie als Außenstehende wirklich keine Verantwortung haben. Ich denke doch, und zwar selbst dann, wenn Sie nicht der treibende Part sind. Worum es geht, drückt – für ein anderes Gebiet – das Sprichwort »Der Hehler ist schlimmer als der Stehler« aus: Wer eine schlechte Sache ermöglicht oder ausnutzt, macht sie sich zu eigen und trägt Mitverantwortung. Auch wenn es »zur Sache« geht.

*Quellen:*

Die zehn Gebote sind in der Bibel zweimal überliefert: Im 2. Buch Mose (Exodus 20,2–17) und im 5. Buch Mose (Deuteronomium 5, 6–21)

Rat des Schuruppag in: Texte aus der Umwelt des Alten Testaments, Bd. III: Weisheitstexte, hrsg. v. W. H. Ph. Römer u. W. v. Soden, Mohn, Gütersloh 1990, S. 52 f. Zitiert nach Otfried Höffe (Hrsg.), Lesebuch zur Ethik: Philosophische Texte von der Antike bis zur Gegenwart, Verlag C. H. Beck, München 1998

Aus zwei Leserbriefen zu dieser Kolumne:
»Mit Vergnügen und Erkenntnisgewinn lese ich Woche für Woche Ihre Gewissensfrage. Diesmal allerdings nicht. Ich finde Ihre Antwort [...] so moralinsauer, dass es mich schüttelt.« J. B.

»Diesmal lag der Fall für mich klar auf der Hand: Beteiligung an Ehebruch fürs kurzfristige Vergnügen. Die betroffene Dame sollte sich überlegen, wie sie wohl anstelle der betrogenen Ehefrau empfinden würde. Ich verstehe gar nicht und bedauere sehr, dass sogar eine ›Instanz‹ wie Herr Dr. Erlinger sich schon fast einen abbrechen und umständlich bis abschweifend argumentieren muss, um das letztendlich doch zu verurteilen. Erstaunlich, und für meine Begriffe sehr schade!« T. H.

*»In der Silvesternacht hat die Freundin meines besten Freundes mit einem gemeinsamen Bekannten herumgeknutscht, was meinen Freund sehr erschütterte. Als dieser Bekannte mich nun anlässlich seines Wegzugs zu einem Abschiedsessen einlud, habe ich abgesagt, mit der Begründung, dass ich sein Verhalten an Silvester nicht richtig fand; auch wenn zu solchen Aktionen immer zwei gehören. Nun zweifle ich, ob ich zu moralisierend und selbstgerecht gehandelt habe. Andererseits wollte ich Position beziehen. Was meinen Sie dazu?«*

Hans-Joachim H., Hamburg

Seitensprünge sind ein weites Feld. Glücklicherweise muss man es nicht abschließend beackern, um etwas zu Ihrem Verhalten zu sagen. Denn schon das ist schwer genug. Einerseits begrüße ich, dass Sie Stellung gemäß Ihren moralischen Grundsätzen beziehen. Sie können sich noch dazu auf Aristoteles berufen, der die Taten eines Menschen dessen Tugenden zuordnet, die wiederum den Charakter bilden. Und es ist nur konsequent, den Umgang mit einem Menschen abzulehnen, dessen Charakter man missbilligt.

Dass mich Ihre Aktion am Ende dennoch nicht so richtig überzeugt, liegt am frühen Tod einer jungen Frau: Effi Briest. Die Heldin des gleichnamigen Romans hatte sich, mit 17 schon verheiratet, im Laufe der Ehe auf eine Affäre eingelassen. Als ihr Mann Jahre später davon erfährt, verstößt er sie sofort. Dem schließen sich – für hier interessant – ihre Eltern an, »weil wir Farbe bekennen und vor aller Welt, ich kann Dir das Wort nicht ersparen, unsere Verurteilung Deines Tuns, des Tuns unseres einzigen und von uns so sehr geliebten Kindes, aussprechen wollen«. Allerdings widerrufen die Eltern dies später wieder in einem Telegramm: »Effi, komm«.

Theodor Fontane ließ die Beweggründe für den Seitensprung im Unklaren und damit auch die moralische Bewertung Effis; im Gegensatz zur fremd anmutenden, harten Konsequenz ihrer Eltern. Und da würde ich gern einhaken: Ohne nähere Kenntnis der Umstände fällt eine Beurteilung des aus dem Ruder gelaufenen Silvesterflirts ohnehin schwer. Die Einladung aus Solidarität mit dem Gehörnten abzulehnen, leuchtet mir noch ein. Weniger hingegen, bei dieser Gelegenheit auch noch den moralischen Stab über den Bekannten zu brechen. Dafür scheint mir das Ganze, in den Worten des alten Briest, denn doch »ein zu weites Feld«.

*Literatur:*

Theodor Fontane, Effi Briest, Originalausgabe Berlin 1896

In vielen Ausgaben erhältlich, z.B. im Reclam Verlag, Stuttgart 1986, oder auch online, z.B. unter: http://www.zeno.org/nid/20004774701

»Ich habe vor kurzem die sechsjährige Beziehung zu meinem Freund beendet, weil er seit mehreren Monaten ein Verhältnis mit einer anderen Frau hat. Am Anfang war es typisch weibliche Intuition, dann ließen mich ›dumme Zufälle‹ immer misstrauischer werden. Darauf angesprochen, leugnete er immer alles mit fadenscheinigen Erklärungen. Um ihn nicht fälschlicherweise zu verdächtigen, fing ich an, ihn zu kontrollieren: Ich fuhr zweimal zum Haus dieser Frau und stellte fest, dass er dort übernachtet haben musste, und fand auf seinem Handy auch eine Nachricht, die das bewies. Ist mein Verhalten moralisch zu vertreten?«* Sabine D., Düsseldorf*

Viele der hier notwendigen Überlegungen kennt man – aus der Innenpolitik. Im Endeffekt wollen Sie wissen, ob zur Enttarnung von Verbrechern, die das Gemeinwesen der Beziehung gefährden, neben Beschattungen auch die heimliche Durchsuchung von Handy-Speichern zulässig ist. Thematisch übersteigt das beinahe die umstrittene Online-Durchsuchung in Richtung auf eine drahtlose Variante. Falls Sie nun noch das ›Bund‹ in Bundeswehr auf den fürs Leben umdeuten und militärische Einsätze zur Verfolgung von Eheterroristen fordern, haben Sie sich flugs dafür qualifiziert, das Innen-, Verteidigungs- und Familienministerium in Personalunion zu führen.

Sie bemerken meine Vorbehalte? Ganz wie bei der politischen Debatte darf man hier nicht darauf verfallen zu sagen: Der Mann hat keinen Schutz verdient, denn er hat selbst das Vertrauen missbraucht. Der Fahndungserfolg allein kann die Mittel nicht rechtfertigen, sonst landet man am Ende bei totalitärer Überwachung und Folter – in Liebes- wie in Staatsdingen.

Dennoch: Obwohl ich nicht zögern würde, Computer-Festplatten mit Zähnen und Klauen gegen heimliche Zugriffe der Polizei zu verteidigen, gerate ich bei Ihrer Frage ins Stocken. Warum? Wahrscheinlich weil man doch ganz im Sinne Gustav Heinemanns seinen Partner mehr liebt als den Staat und ihm wohl deshalb auch mehr gestattet. Weil hier Schutz der Privatsphäre des einen mit der Verletzung von intimsten Bereichen des anderen abzuwägen sind. Schlussendlich weil das Unglück schon vorher eingetreten ist: der Betrug auf der einen Seite, das (womöglich unberechtigte) Misstrauen auf der anderen. Beides wirkt beziehungszersetzend. Deshalb: Schön finde ich Ihr Verhalten nicht, aber komplett verurteilen kann ich es auch nicht.

*»Wenn mein Freund in einer Kneipe einer Fremden einen Drink ausgeben würde, wäre ich verärgert und eifersüchtig. Letztens wurde mir ein Drink angeboten, und ich habe ihn ohne nachzudenken angenommen. Später jedoch geriet ich ins Zweifeln. Hätte ich das Getränk doch ablehnen sollen?«* Birgit L., Hamburg

In seinem Buch *Ethik* widmet der australische Philosoph John Leslie Mackie ein Kapitel dem, wie er meint, im Grunde unbestrittenen Prinzip der »Universalisierbarkeit« moralischer Urteile: »Jeder, der ernsthaft behauptet, irgendeine Handlung (Person, Sachverhalt usw.) sei sittlich richtig oder falsch, gut oder schlecht, geboten oder verboten, ist damit gehalten, dieselbe Ansicht hinsichtlich jeder in den relevanten Gesichtspunkten ähnlichen Handlung (usw.) zu vertreten.« Die erste Stufe dabei sei, so Mackie, dass ein moralisches Urteil nicht davon abhängen darf, wen es betrifft: »Etwas, was für dich falsch ist, kann nicht für mich nur deshalb richtig sein, weil ich ich bin und du du bist.«

Danach sieht es jedoch sehr aus, wenn Sie bei Ihrem Freund verurteilen würden, dass er einer Frau einen Drink ausgibt, umgekehrt aber selbst einen annehmen. Es sei denn, Ausgeben und Annehmen wären »in relevanten Gesichtspunkten« unterschiedlich. Inwiefern? Zu Recht verärgert darüber, dass Ihr Freund eine Fremde einlädt, können Sie eigentlich nur sein, wenn Sie das für eine Form des Flirtens halten. Der Unterschied wäre dann, dass Ihr Freund, wenn er ein Getränk ausgibt, das Flirten aktiv betreibt – also was auch immer beabsichtigt –, während Sie den Drink ja nur annehmen und sich vorbehalten können, nichts zu wollen, den Flirt also nicht weiter mitzumachen.

Unter diesen Voraussetzungen wäre eine unterschiedliche Beurteilung der beiden Verhaltensweisen gerechtfertigt. Mit einem Haken: Wenn dem so ist, tun Sie zwar Ihrem Freund nicht Unrecht, wohl aber dem Fremden, auf dessen Einladung Sie sich einlassen. Sie spielen ihm damit – nach Ihrer eigenen Einschätzung, was die Einladung bedeutet – etwas vor. Falsch ist Ihre unterschiedliche Bewertung also auf jeden Fall, Sie müssen sich nur noch entscheiden, wem gegenüber.

*Literatur:*

John Leslie Mackie, Ethik. Die Erfindung des moralisch Richtigen und Falschen. Reclam Verlag, Stuttgart 1981.
Dort insbesondere Kap. 4: Universalisierung, S. 104–130

Mackie führt darin zu dem hier interessierenden Punkt weiter aus: »Etwas, was für dich falsch ist, kann für mich richtig sein; doch sollte dies der Fall sein, so muss irgendein qualitativer Unterschied der Art nach zwischen dir und mir, zwischen deiner Situation und meiner bestehen, der unter den gegebenen Umständen als sittlich relevant anzusehen wäre.«

Dieter Birnbacher, Analytische Einführung in die Ethik, de Gruyter, Berlin, 2. Aufl. 2007. Dort insbesondere S. 31 ff., 409 ff.

Rainer Wimmer, Universalisierung, in: Marcus Düwell, Christoph Hübenthal, Micha H. Werner (Hrsg.), Handbuch Ethik, Verlag J. B. Metzler, Stuttgart 2002, S. 517–521

# Ex und Hopp

Über Ende und Nachwirkungen
von Beziehungen

*»Meine Freundin macht seit mehreren Monaten ein frei-williges soziales Jahr in Simbabwe. Ausgerechnet in die-ser Zeit habe ich gemerkt, dass ich sie nicht mehr liebe. Ich habe ihr das aber noch nicht gesagt, weil sie mir, als ich selbst im Ausland war, mit ihrer Liebe sehr viel Kraft gegeben hat. Nun scheint es umgekehrt so zu sein, des-wegen zögere ich. Aber, auf den Punkt gebracht und ver-allgemeinert (es könnte auch vor einem wichtigen Ex-amen sein): Darf ich für meine Freundin entscheiden, wann eine Trennung gut für sie ist?«*    Ralf F., Darmstadt

Auch die Liebe kann man unterschiedlich sehen. Man-cher versteht darunter etwas aus der Tiefe, dem Innersten des Menschen Hervorquellendes, ein impulsives, aus sich selbst heraus agierendes Gefühl des Begehrens, das ein-fach da ist – oder eben nicht mehr. Wer dem folgt, müsste jegliches Verstellen vehement ablehnen. Nicht nur, weil es ein völliges Verbiegen erfordert, mit etwas hinter dem Berg zu halten; eine Täuschung würde darüber hinaus das Gegenüber mit dessen Gefühlen ins Leere laufen lassen, fast zum Narren machen. Allerdings stellt, wer so argu-mentiert, das eigene Begehren und die eigene Geradlinig-keit in den Mittelpunkt.

Dem ließe sich von moralphilosophischer Seite – und um die soll es hier gehen – eine umfassendere Vorstellung von Liebe entgegensetzen, die mehr einschließt als das Lodern und Wallen der Herzen; eine tiefe Zuneigung, die für den anderen auch Sorge trägt, die wächst und sich wandeln kann. In der Terminologie Platons umfasst diese Liebe ihre verschiedenen Formen: Eros – begehrende Leidenschaft, Philia – Freundesliebe und Agape – Nächstenliebe.

Das ermöglicht Differenzierungen für Ihre Frage. Am Vorabend einer Prüfung etwa würden Philia und Agape selbst bei völlig geschwundenem Eros verbieten, einen Laufpass auszustellen oder ein nächtliches Krisengespräch einzufordern. Jedoch muss das seine Grenzen haben, und es wäre genauso falsch, der in der Fremde Weilenden ein Jahr lang eine glückliche Beziehung vorzugaukeln. Das aus Rücksichtnahme zu tun mag gut gemeint sein, beraubt Ihre Freundin allerdings ihrer Chancen, etwas zu unternehmen. Vielleicht möchte sie versuchen, die Beziehung zu retten, und den nächsten Rückflug buchen. Oder aber die Zeit nutzen, sich selbst neu zu orientieren. Die Selbstbestimmung eines Menschen über längere Zeit zu missachten lässt sich auch aus Zuneigung nicht vertreten.

*»Vor ein paar Monaten habe ich die langjährige Bezie-*
*hung zu meiner damaligen Freundin beendet. Es war für*
*uns beide nicht leicht, aber sie hatte damit wohl mehr*
*zu kämpfen. Seit dem Sommer hat sie nun einen neuen*
*Freund – und zu meiner Überraschung stört mich das*
*schon etwas. Ich bin nicht sehr eifersüchtig, aber ich ver-*
*spüre irgendwie ein komisches Gefühl. Habe ich über-*
*haupt ein Recht dazu? Immerhin war ich ja derjenige,*
*der unsere Zeit beendet hat.«*       *Wilfried J., Reutlingen*

Was kann das für ein Gefühl sein, das sich bei Ihnen ein-
stellt, wenn Sie von der neuen Beziehung Ihrer Exfreundin erfahren? Gekränkte Eitelkeit, weil Sie es für das einzig adäquate Verhalten ansehen, wenn Ihre Partnerin
nach Ihnen ins Kloster geht? Eifersucht? Neid? Gar Miss-
gunst? Das könnte tatsächlich geeignet sein, moralische
Bedenken hervorzurufen. Sofern man Gefühle, die auftauchen, ohne dass wir sie steuern können, überhaupt einer
moralischen Bewertung unterwerfen will.
     Der amerikanische Philosoph Daniel Farrell definiert
Eifersucht so: schmerzlich davon betroffen sein, dass man
von einer anderen Person nicht in der Weise bevorzugt
wird, in der man das wünscht, während die andere Person
einen Dritten in dieser Weise bevorzugt. Eifersucht hat
also etwas mit Exklusivität zu tun und, wie die Philosophen Christoph Demmerling und Hilge Landweer betonen, mit der Angst, etwas zu verlieren. Da Sie selbst aus-

schließen, weiterhin mit Ihrer Freundin eine exklusive Beziehung haben zu wollen, kann es streng genommen keine Eifersucht sein, obwohl Gefühle manchmal wesentlich stabiler sind als die Beziehung selbst.

Neid hingegen bedeutet nach Farrell, schmerzlich davon berührt zu sein, dass eine andere Person etwas besitzt, was man selbst haben möchte. Man gönnt der anderen Person das nicht, was sie hat. Der große Philosoph John Rawls definiert Neid in Anschluss an Kant als »die Neigung, ein Mehr an Gütern bei anderen feindselig zu betrachten, auch wenn es die eigenen Güter nicht schmälert«. Das wäre also dann der Fall, wenn Sie Ihrer Ex die neue Beziehung nicht gönnen, vielleicht weil es Ihnen selbst noch nicht wieder gelungen ist, eine neue Beziehung einzugehen. Das wäre tatsächlich missgünstiger Neid, der zu den sieben Todsünden zählt und von Kant zum Menschenhass gerechnet wird.

Vielleicht ist es aber auch nur die Erkenntnis, dass nun die Beziehung endgültig zu Ende ist, also echte Trauer. Das würde zeigen, dass Ihnen, obwohl Sie selbst die Beziehung beendet haben, nach wie vor etwas an Ihrer früheren Freundin liegt, Sie sie also weiterhin buchstäblich wertschätzen. Und das wiederum würde ich positiver sehen, als wenn Sie ihr nach etlichen gemeinsam verbrachten Jahren völlig gleichgültig gegenüberstünden.

*Literatur:*

John Rawls, Eine Theorie der Gerechtigkeit, Suhrkamp Verlag, Frankfurt am Main 1979, S. 575 ff.

Zur Eifersucht siehe S. 75 f.

*»Nach 16 Jahren Beziehung hat sich meine Frau von mir getrennt, ohne äußeren Anlass. Manchmal überlege ich, mir eine neue Freundin zu suchen, leide aber unter einem moralischen Dilemma: Ich fühle mich durch meinen vor Gott geleisteten Eheschwur – in guten wie in schlechten Zeiten, bis zum Ende unserer Tage – gebunden, auch wenn dieser einseitig aufgekündigt wurde. Was wären Versprechen denn sonst wert?«* Franz W., Schweinfurt

Für Ihr Verhältnis zu Gott bin ich nicht zuständig, für diesen Aspekt müssen Sie sich an die entsprechenden Stellen wenden. Hier geht es um die irdischen und vor allem zwischenmenschlichen Belange, und von dieser Warte aus sehe ich Sie nicht an Ihr Versprechen gebunden.

Zunächst muss man sich überlegen, ob es sich bei der Erklärung, dem Partner bis ans Ende seiner Tage beizustehen, um ein Versprechen oder einen Schwur handelt. Der Philosoph Norbert Anwander sieht in seinem Buch *Versprechen und Verpflichten* in einem Schwur oder einem Gelübde eine Selbstbindung. Sofern das Gelübde »bei etwas« – hier wäre es »vor etwas«, nämlich vor Gott – erfolgt, erzeugt derjenige, der das Gelübde ablegt, zusätzlich eine künstliche Verknüpfung zwischen sich, einer bestimmten Handlung und einer ihm wichtigen Instanz. Zu einem Versprechen hingegen »braucht es zwei«: jemanden, der ein Versprechen gibt, und denjenigen, der das

Versprechen annimmt. Erst durch die Annahme des Versprechens wird der Geber verpflichtet.

Was liegt beim Eingehen der Ehe vor – jenseits aller rechtlichen oder religiösen Vorgaben? Dabei hilft meines Erachtens ein Klassiker aus etlichen Filmen: die Idee, dass die Braut vor dem Altar auf die Frage des Priesters »Nein« sagt. Da meist der Mann vorher gefragt wird und bereits »Ja« gesagt hat, wäre er, handelte es sich um einen Treueschwur, bereits gebunden – auch wenn die Frau dann doch nicht will. Das wäre abwegig. Insofern muss man von einem Treueversprechen ausgehen, das die beiden Brautleute nacheinander abgeben und wechselseitig annehmen und das erst durch die Annahme wirksam wird. Das aber hat zwei Konsequenzen: Zum einen sind die Eheleute dem jeweils anderen verpflichtet und nicht sich selbst oder einem Prinzip gegenüber. Zum anderen gilt bei einem Versprechen der Grundsatz, dass derjenige, dem gegenüber man die Verpflichtung eingegangen ist, denjenigen, der ihm das Versprechen gegeben hat, von der Verpflichtung auch wieder entbinden kann.

Und damit wären wir wieder bei Ihnen. Wenn Ihre Frau Sie verlässt und damit die Beziehung beendet, entbindet sie Sie damit auch wieder von der Verpflichtung, bei ihr und treu zu bleiben, die Sie ihr gegenüber eingegangen sind.

*Literatur:*

Norbert Anwander, Versprechen und Verpflichten, Mentis Verlag, Paderborn 2008

Thomas Scanlon, What We Owe to Each Other, Harvard University Press, Cambridge, Massachusetts, 2000, Kap. 7: Promises

*»Wer darf nach einer Trennung welche Liebesbriefe be-
halten? Die, die sie oder er selbst geschrieben hat, oder
die, die sie oder er erhalten hat? Bei Bildern ist es aus
meiner Sicht durch das Recht auf das eigene Bild geregelt. Was aber ist mit Liebesbriefen oder Liebesgedich-
ten? Kann hier das Recht auf das selbst Geschriebene gelten?«*
*Gerd S., Landshut*

Auch nach dem Ende einer Beziehung bleibt sie im Schönen wie im Unschönen ein Teil des Lebens der vormals
Liebenden, sie kann nicht vollständig rückabgewickelt
werden. Dies spräche dafür, dass Liebesbriefe weiter der-
oder demjenigen zustehen, die oder der sie ursprünglich
vom anderen Teil ausdrücklich zugeeignet bekommen hat.

Nun nennen Sie das Recht am eigenen Bild. Im Grunde
bin ich dagegen, zwischenmenschliche Beziehungen zu
sehr von rechtlichen Regelungen bestimmen zu lassen.
Andererseits wäre es unsinnig, kluge Gedanken, die Juristen auf ein Problem verwandt haben, nicht für außer-
rechtliche Überlegungen zu nutzen.

Und tatsächlich hat der Bundesgerichtshof, als er entschied, dass ein Partner nach dem Scheitern einer Beziehung zwar nicht alle Fotos, aber Nacktbilder, die er einvernehmlich von seiner Partnerin angefertigt hatte, auf
ihren Wunsch hin von seinem Computer löschen muss,
dies überzeugend begründet: »Wer nämlich [...] Bildauf-
nahmen oder Fotografien, die einen anderen darstellen,

besitzt, erlangt allein durch diesen Besitz eine gewisse Herrschafts- und Manipulationsmacht über den Abgebildeten [...]. Diese Macht ist umso größer, als Aufnahmen eine vollständige Entblößung des gänzlich Privaten, der grundsätzlich absolut geschützten Intimsphäre des Einzelnen [...] zeigen. Diese Entblößung wird von dem Abgebildeten regelmäßig als peinlich und beschämend empfunden, wenn sich der Situationszusammenhang wie hier durch die Beendigung der Beziehung geändert hat.«

Entsprechend würde ich es auch hier sehen. Je mehr die Liebesbriefe das Innerste ihres Verfassers spiegeln, sie oder ihn emotional nackt darstellen und damit nach dem Ende der Beziehung peinlich sein können, umso mehr spricht dafür, dass die- oder derjenige ein Recht darauf hat, sie zurückzubekommen.

*Quellen:*

Im Allgemeinen wird vom Begriff »Recht am eigenen Bild« nur das Recht einer Person umfasst, zu bestimmen, ob und wie Bilder von ihm oder ihr veröffentlicht werden dürfen, in Deutschland durch die §§ 22 ff. KunstUrhG geregelt.

Das Recht, darüber zu bestimmen, ob eine Aufnahme angefertigt werden darf, auch wenn sie nicht veröffentlicht wird oder werden soll, ist in Deutschland nicht speziell gesetzlich geregelt, wird aber als Ausfluss des allgemeinen Persönlichkeitsrechts anerkannt. Bundesgerichtshof, Urteil des VI. Zivilsenats vom 25. 4. 1995 – VI ZR 272 / 94, NJW 1995, S. 1955 ff.

Daraus kann sich auch ein Anspruch auf Vernichtung oder Löschung von Bildern ergeben, selbst wenn sie ursprünglich rechtmäßig angefertigt wurden.

Bundesgerichtshof, Urteil des VI. Zivilsenats vom 13. 10. 2015 – VI ZR 271 / 14, online abrufbar unter:
http://juris.bundesgerichtshof.de/cgi-bin/rechtsprechung/
document.py?Gericht=bgh&Art=en&nr=73173&pos=0&anz=1

*»Eine Freundin wurde sehr mies von ihrem Partner verlassen: Er ignoriert sie einfach, reagiert nicht auf ihre Anrufe und Nachrichten. Obwohl es ihr richtig schlecht geht, will sie ihm seine teure Spiegelreflexkamera zusenden, die sie noch hat und selbst für ihre Arbeit gut gebrauchen könnte. Ich sage, sie hat das Recht dazu, sie zu behalten. Was meinen Sie?«*                    *Georg N., München*

Was der Partner Ihrer Freundin getan hat, nennt man »Ghosting«, weil er wie ein Geist plötzlich verschwunden ist. Untersuchungen zufolge ist das die Art von Trennung, die den Partner am stärksten verletzt, weil er verlassen und missachtet wird. Umgekehrt ist es für denjenigen, der verschwindet, einfacher, weil er oder sie sich keiner unangenehmen Auseinandersetzung stellen muss und die bequemere Trennung auf Kosten des Partners vollzieht.

Deshalb könnte man tatsächlich argumentieren, es stelle einen gerechten Ausgleich dar, wenn Ihre Freundin im Gegenzug wenigstens die teure Kamera behält. Aber auch wenn man dieser Idee einen gewissen Charme nicht absprechen kann, gefällt sie mir nicht. Ich bin kein Freund von Selbstjustiz oder davon, Unrecht mit Unrecht zu vergelten. Deshalb sollte Ihre Freundin die Kamera herausgeben, wenn ihr Expartner sie zurückverlangt. Sie kann das auch mit der Forderung nach einem klärenden Gespräch verbinden.

Damit wären wir bei der Frage, ob Ihre Freundin die Kamera von sich aus zurückgeben, hier zusenden soll. Das würde ich verneinen. Es geht hier nicht um ein Spiegelbild der Tatsache, dass sich der Expartner nicht mehr meldet, sondern um eine direkte Folge. Wenn er sich für die Methode entschieden hat, sich nicht mehr zu melden, muss er auch die Folgen tragen. Man kann seine Sachen nicht zurückfordern, wenn man den Kontakt abbricht und die Expartnerin vollkommen ignoriert.

Nur: Vielleicht will Ihre Freundin die Kamera loswerden, um mit der Beziehung abzuschließen. Dass es keinen richtigen Abschluss gibt, ist eines der Probleme beim Ghosting. Deshalb kann es für Ihre Freundin durchaus sinnvoll sein, ihm die Kamera zuzusenden und damit von sich aus einen Schlusspunkt zu setzen.

*Literatur:*

Valeria Safronova, Exes Explain Ghosting, the Ultimate Silent Treatment, The New York Times, 26. Juni 2015

Violetta Simon, Wenn der Partner einfach verschwindet, Süddeutsche Zeitung, 9. Juli 2015

Tara J. Collins, Omri Gillath, Attachment, breakup strategies, and associated outcomes: The effects of security enhancement on the selection of breakup strategies, JResPers 46 (2012), S. 210–222

Die ausgleichende Gerechtigkeit geht – wie so vieles – auf Aristoteles zurück, bei dem man im V. Buch seiner Nikomachischen Ethik Grundlegendes zur Gerechtigkeit findet.

Zur wiedervergeltenden Gerechtigkeit siehe Kapitel 8 im V. Buch

Günther Bien, Gerechtigkeit bei Aristoteles, in Otfried Höffe (Hrsg.), Aristoteles – Die Nikomachische Ethik (Reihe Klassiker auslegen), 3. Aufl., Akademie Verlag, Berlin 2010, S. 135–164

*»Ich habe gehört, dass meine Exfreundin auf einer Party bei ihr zu Hause über unsere Beziehung gesprochen hat, über Dinge, die nur sie und mich etwas angehen. Eine gute Freundin, die auch auf der Party war, weigert sich, mir Genaueres zu berichten, weil sie, wie sie sagt, zur Loyalität gegenüber der Gastgeberin verpflichtet sei, auch wenn sie ihr nicht nahesteht. Zu Recht?«*

*Jonas L., Köln*

Hier geht es tatsächlich um Loyalität, jedoch steht gegenüber der Gastgeberin, wenn man nicht besonders eng mit ihr befreundet ist, eher eine Vertraulichkeit des Wortes im Vordergrund. Gespräche finden in einem sozialen Kontext statt, der eine Art Schutzraum für das Gespräch und das Gesagte bildet. Man würde wahnsinnig, müsste man alles, was man sagt, für die Allgemeinheit, also einen unbegrenzten Kreis von Zuhörern formulieren. Allerdings ist das kein absoluter Schutz, sondern eher ein Wert in der Abwägung, und man muss abstufen: Das in einem Vieraugengespräch Gesagte wird stärker erfasst als etwas, was man im größeren, offeneren Kreis erzählt, also zum Beispiel auf einer Party in die Runde spricht.

Demgegenüber steht die Loyalität, die man einem Freund gegenüber hat. Freundschaft ist mit Loyalität untrennbar verbunden. Auch diese kann nicht absolut gelten, und es gibt Abstufungen: Je enger die Freundschaft ist, desto größer die Loyalität, die unter anderem beinhaltet, dass man dem Freund Dinge, die ihn oder sie betreffen, mitteilt. Gegebenenfalls auch dann, wenn man diese Dinge unter anderen Umständen eher für sich behielte.

Betrachtet man dies alles zusammen, spricht mehr für Ihren Wunsch, Genaueres zu hören. Ihre Exfreundin hat Persönliches auf einer Party offen verbreitet und damit gezeigt, dass sie das nicht als besonders schützenswert ansieht. Anders als Sie, der Sie deshalb ein berechtigtes Interesse daran haben, es zu erfahren, ein Interesse, das von der Loyalität unter Freunden mit umfasst wird. Würde die von einer bedenkenswerten Loyalität gegenüber der Gastgeberin ausgehebelt, bekäme die Einladung etwas von einem konspirativen Treffen, das Ihre Freundin allein durch ihren Besuch dort in etwas Ihrer Freundschaft Entgegenstehendes verstrickt.

*Literatur:*

Kleinig, John, On Loyalty and Loyalties: The Contours of a Problematic Virtue, Oxford University Press, New York 2014

Kleinig, John, »Loyalty«, The Stanford Encyclopedia of Philosophy (Ausgabe Herbst 2013), Edward N. Zalta (Hrsg.), online abrufbar unter: https://plato.stanford.edu/archives/fall2013/entries/loyalty/

»Vor einigen Jahren hat mein damaliger Freund einen Maibaum für mich gestellt, mit einem riesigen roten Holzherz mit meinem Namen, von Hand und mit viel Liebe angefertigt. Seitdem steht das Herz im Keller und wird bei jedem Umzug mitgeschleppt. Ich will es nicht mehr, andererseits hat sich hier jemand so große Mühe um mich gemacht. Darf ich es trotzdem entsorgen?«

Susanne L., Weilheim

Aus psychologischer Sicht könnte man fragen, ob Sie mit Ihrem damaligen Freund wirklich schon völlig abgeschlossen haben. Der Frankfurter Psychoanalytiker Tilmann Habermas etwa schreibt in seinem Buch *Geliebte Objekte* von Dingen, die als Stellvertreter einen anderen symbolisieren, den das Individuum vermisst. Dazu gehören »Geschenke, die der andere selbst verfertigt hat und die somit auf dessen Tätigkeit verweisen und intensiver mit seinem Körper in Kontakt waren«. Vielleicht meldet sich auch ein schlechtes Gewissen, weil Sie damals jemandem »das Herz gebrochen« haben und das nicht symbolisch am hölzernen Stellvertreter wiederholen wollen. Oder Sie fürchten, dass Ihnen nie wieder jemand derart »sein Herz schenken« wird.

Das alles können nur Sie beantworten, und damit nähert man sich meines Erachtens auch schon der Lösung. Man kann zwar, wie Kant in seiner Vorlesung über Ethik, Pflichten gegenüber leblosen Sachen als indirekte Pflichten gegenüber der Menschheit ansehen. Man kann diesen Gedanken aber auch von der anderen Seite her betrachten: dass es zum einen keine direkten Pflichten gegenüber Sachen gibt und dass zum anderen die Pflichten gegenüber Menschen überwiegen. Und der dabei relevante Mensch sind hier, nachdem die Beziehung mit dem Herzensschnitzer beendet ist, in erster Linie Sie selbst.

Das Holzherz repräsentiert die Arbeit, Liebe und Mühe, die Ihr damaliger Freund für seine Herstellung aufgewandt hat. Die sollte man auch achten, aber nicht so weit, dass Sie als Mensch auf ewige Zeiten, Gedeih und Verderb an einen sperrigen Gegenstand gekettet sind, nur weil Ihnen den einmal jemand geschenkt hat. Sie können das Herz dazu nutzen, sich über Ihre damit verbundenen Gefühle klar zu werden. Aber wenn die nicht entgegenstehen, dürfen Sie den Gegenstand ruhigen Gewissens entsorgen.

*Literatur:*

Tilmann Habermas, Geliebte Objekte. Symbole und Instrumente der Identitätsbildung, Suhrkamp Verlag, Frankfurt am Main, 2. Aufl. 2012. Dort insbesondere das Kapitel 6.4, Vergegenwärtigung des abwesenden Anderen, S. 305 ff.

Immanuel Kant, Eine Vorlesung über Ethik, herausgegeben von Gerd Gerhardt, Fischer Taschenbuch Verlag, Frankfurt am Main 1990, Kap. IX. [Von den Pflichten gegen Nichtmenschliches] 2. Von den Pflichten gegen leblose Sachen, S. 258

Zum Verhältnis zu Gegenständen immer wieder lesenswert: Jean Baudrillard, Das System der Dinge. Über unser Verhältnis zu den alltäglichen Gegenständen, Campus Verlag, Frankfurt am Main, 3. Aufl. 2007

*»Ist es guter oder schlechter Geschmack, anlässlich einer Scheidung eine Party zu geben? Oder anders gefragt: Ist das Scheitern einer Lebensplanung ein freudiges Ereignis, das man feiern sollte, oder ein trauriges Ereignis, das man besser einfach nur hinnimmt? Verletzt man vielleicht seine eigenen Gefühle oder die anderer, etwa der Kinder, wenn man eine Scheidung feiert?«*

*Sandra B., Aachen*

Rein logisch scheint es klar: Im Falle einer Scheidung beschließen zwei Menschen, dass sie das Leben lieber getrennt statt wie bisher miteinander verbunden fortsetzen wollen. Zumindest einer von beiden bekommt an diesem Tag etwas, was ihm oder ihr lieber ist als das Vorherige. Und in vielen Fällen sehen das sogar beide so. Das ist etwas Erfreuliches, also auch Anlass für eine Party.

Psychologen betonen, dass Statusänderungen im Leben häufig von Ritualen begleitet werden. Dazu gehören Abschlussfeiern an Schulen und Hochschulen oder der besonders groß gefeierte 18. Geburtstag zur Volljährigkeit. Und, speziell im Hinblick auf Partnerschaft, der Übergang von Junggeselle zu Ehepartner mit der Hochzeit und der von Ehepartner zu Witwer oder Witwe mit Beerdigungszeremonie und Leichenschmaus. Es mag makaber klingen, aber das spricht dafür, auch den häufigen Übergang von »verheiratet« zu »geschieden« durch eine Feierlichkeit zu begehen; und deren heute geläufigste Form ist nun einmal die Party. Dies passt auch insofern, als man derartige Übergänge – mögen sie auch betrübliche Komponenten haben – immer auch als Neubeginn sehen und versuchen sollte, etwaige Trauer zu verarbeiten und zu überwinden. Oder in den Worten Hermann Hesses aus seinem in diesem Zusammenhang fast unvermeidlichen Gedicht *Stufen*: »Es muß das Herz bei jedem Lebensrufe / Bereit zum Abschied sein und Neubeginne, / Um sich in Tapferkeit und ohne Trauern / In andre, neue Bindungen zu geben ... Wohlan denn, Herz, nimm Abschied und gesunde!«

Mit Einschränkungen. Die erste würde ich machen wollen, wenn Kinder da sind, die unter der Scheidung leiden und es nicht verstehen würden, wenn ein Elternteil nun feiert. Aber auch wenn einer der frisch Geschiedenen unter der Trennung übermäßig leidet, könnte das aus nachwirkender partnerschaftlicher Rücksichtspflicht gegen eine Party sprechen. Und schließlich ganz einfach: wenn trotz aller Überlegungen ein ungutes Gefühl beim Feiern bleibt.

Aber wenn ich bei einem einschneidenden Ereignis grundsätzlich abwägen soll zwischen Rücksicht auf die Vergangenheit und Ausblick in die Zukunft, würde ich – sofern nicht gewichtige spezielle Gründe entgegenstehen – stets für die Zukunft plädieren. Denn die will noch gelebt werden.

*Literatur:*

14. Berliner Kolloquium der Daimler-und-Benz-Stiftung am 20. Mai 2010: Wozu braucht es Rituale? Kulturwissenschaftliche und neurobiologische Perspektiven

Zur Tagung ist ein Spezial (1 / 2011) der Zeitschrift Spektrum der Wissenschaft mit dem Thema »Rituale« erschienen.

»*Mein Freund hat sich vor einigen Wochen von mir ge-*
*trennt, was mich sehr getroffen hat. Um mir den Tren-*
*nungsschmerz zu erleichtern, habe ich jeglichen Kontakt*
*zu ihm abgebrochen. Zwei meiner Freundinnen haben*
*jedoch immer wieder Kontakt zu ihm. Ich bemühe mich,*
*neutral zu sein, fühle mich aber verletzt. Darf ich sie bit-*
*ten, den Kontakt einzustellen?*« Rosalie C., Bern

Für gebrochene Knochen, Frakturen, gilt in der Medizin
der Grundsatz der Ruhigstellung. Damit die Teile wieder
zusammenwachsen können, müssen sie angenähert und
dann in dieser Stellung ruhig gehalten werden. Klassi-
scherweise im Gips oder durch operative Maßnahmen.
Zu große Bewegungen, Instabilitäten können die Heilung
verhindern und zu sogenannten Pseudarthrosen führen:
Der Knochen wird nicht stabil an der Stelle der Fraktur,
und die Stelle bleibt auf Dauer leicht beweglich, was häufig mit großen Schmerzen verbunden ist.

Ich halte diesen Grundsatz für übertragbar auf gebrochene Herzen. Auch dort scheint mir absolute Ruhigstellung wichtig. Das Bewegen, Rühren in der Wunde durch
Kontakt mit dem oder der Ex ist schmerzhaft und verhee-
rend für die Heilung. Es können emotionale Pseudarthrosen entstehen, die eine stabile Überbrückung der Wunde
verzögern oder gar verhindern. Ich persönlich bin sogar
Anhänger der chirurgischen Therapie bei Herzfrakturen:
Der Kontakt zum oder zur Ex muss vollständig abge-

schnitten werden, bis die Wunden verheilt sind – manchmal leider auch auf Dauer.

Offenbar verursacht der Kontakt Ihrer Freundinnen zu Ihrem Ex laufend Bewegungen im Frakturspalt Ihres Herzens. Andererseits ist Ihr Ex nicht nur ein »Ex«, sondern ein eigenständiger Mensch, ebenso wie Ihre Freundinnen. Man muss daher abwägen, wobei mir folgende Parameter wichtig scheinen: Wie gut kennen sich Ihr Ex und Ihre Freundinnen und woher? Über Sie oder unabhängig? Wie sehr leiden Sie und wie lange schon?

Wenn Ihre Verletzung groß ist und Ihnen der Kontakt Ihrer Freundinnen zu Ihrem Ex ernsthafte Schmerzen bereitet, sollten die ihn nicht mehr treffen, bis die Wunde einigermaßen verheilt ist. Zumindest dann, wenn sie sich über Sie kennengelernt haben. In diesen Fällen hätte die Loyalität für mich klar Vorrang.

*Literatur:*

Zum Thema Liebeskummer lesenswert:
Eva Illouz, Warum Liebe weh tut, Suhrkamp Verlag, Berlin 2012

*»Vor 20 Jahren schenkte mir meine damalige Freundin ein Stofftier. Die Beziehung ist längst beendet. Gestern hat mein Hund sein aktuelles Spieltier kaputt gemacht – Ersatz war gefragt. Ich hab ihm das Geschenk von damals zum Spielen gegeben. Aber irgendwie habe ich kein gutes Gefühl dabei: Darf man ein Geschenk der Ex an seinen Hund ›verfüttern‹?«* Torsten S., Fulda

Etwas, insbesondere einen Menschen, »den Hunden zum Fraß vorzuwerfen« zieht sich als besonders verwerfliches Tun durch die Geschichte. Von den alten Ägyptern, bei denen es im sogenannten *Zweibrüdermärchen* vorkam, bis heute, wo man davon im Rahmen von schaurigen Verbrechen und furchtbaren Kriegsgräueln liest.

Speziell wenn es sich um Menschen handelt, mag sich das zum Teil dadurch erklären lassen, dass manche Religionen es als notwendig ansehen, einen Leichnam zu beerdigen, um dem Toten den Zugang zum Jenseits zu ermöglichen. Eine Überzeugung, auf der auch das klassische Drama schlechthin beruht: Antigone, die ihren Bruder Polyneikes gegen den ausdrücklichen Befehl des Königs Kreon deshalb symbolisch bestattet und dadurch die Todesstrafe auf sich zieht, wofür Kreon am Ende zugrunde geht.

Dieses geballte Unheil könnte Ihr ungutes Gefühl erklären. Denn symbolisch oder gefühlt haben Sie zwar vielleicht nicht Ihre damalige Freundin, aber doch die Beziehung oder Liebe zu ihr nicht einmal begraben, sondern eben »verfüttert«. Und nun fürchten Sie womöglich, dass die durch das zerfetzte Stofftier repräsentierte Liebe nicht ordentlich ins Jenseits gelangt und als Untote weiterhin ihr Unwesen treibt.

Nun bin ich kein Spezialist für untote Gefühle, dennoch wage ich zu behaupten, dass Ihnen durch das Verfüttern keine größere Gefahr droht, als wenn Sie das Stofftier weitere 20 Jahre aus Sentimentalität aufheben. Von der Alternative, das Plüschwesen auf einem speziellen Friedhof der Kuscheltiere beizusetzen, ganz zu schweigen. Sie brauchen also kein Bauchweh wegen der Sache zu bekommen. Der Hund hoffentlich auch nicht – denn am Ende scheint mir die Frage, ob das Stofftier für den Hund geeignet ist, das aus moralischer Sicht entscheidende bei dieser Aktion.

*Quellen:*

Das Zweibrüdermärchen findet man zum Beispiel in:
Pharao Cheops und der Magier. Altägyptische Märchen und Erzählungen, aus dem Hieroglyphischen, Demotischen und Altgriechischen übersetzt und mit einem Nachwort von Karlheinz Schüssler, Manesse Verlag, Zürich 2003, S. 136 ff.
Altägyptische Märchen. Mythen und andere Erzählungen, eingeleitet, übersetzt und erläutert von Emma Brunner-Traut, Eugen Diederichs Verlag, München 1963, S. 60 ff.

Sophokles, Antigone, zum Beispiel in der Übersetzung von Wilhelm Kuchenmüller, Reclam Verlag, Stuttgart 1955

Einen Überblick über die verschiedenen Bearbeitungen und Themen dieses zentralen Dramas bietet: George Steiner, Die Antigonen. Geschichte und Gegenwart eines Mythos, dtv, München 1990

»Vor vier Monaten trennte sich meine Freundin nach
fünf Jahren von mir. Vor zwei Wochen sind wir uns zum
ersten Mal wieder auf einer Party begegnet und haben
uns nur knapp begrüßt. Als sie später sah, wie ich eine
andere Frau küsste, verließ sie sofort wütend die Feier.
Ich bekam ein schlechtes Gewissen und wollte mich bei
ihr entschuldigen. Muss ich das?«     Marcus C., Augsburg*

Zunächst kann man feststellen, dass Sie ein freier Mann
sind, also tun und lassen und damit auch küssen können,
wen und was sie wollen. Sie waren in dieser Freiheit vermutlich eingeschränkt durch das Band einer Beziehung –
die meisten Paare vereinbaren Exklusivität hinsichtlich
körperlicher Kontakte. Doch mit dem Durchtrennen dieses Bandes hat Ihre Exfreundin implizit auch die entspre-
chende Vereinbarung gekündigt. Ergo: Sie sind wieder frei.
  Man kann auch noch stärker auf dieses Aufkündigen
der Beziehung abstellen: Ihre Exfreundin hat sich von Ihnen getrennt. Auch wenn dieser Akt – hoffentlich – nicht
primär gegen Sie gerichtet war, also darauf, Sie zu verletzen, stellt er in seinem Wesensgehalt eine Absage Ihnen
gegenüber dar und damit explizit eine Loslösung. Verhal-
tens- oder gar Besitzansprüche aller Art, zum Beispiel in
Form von Eifersucht, mögen zwar häufig sein, vonseiten
derjenigen, die diese Absage ausgesprochen hat, sind sie
jedoch in sich widersprüchlich und deshalb keine verbindliche Richtschnur für Ihr Handeln.

Eine Entschuldigung halte ich daher nicht für notwendig. Was aber nicht bedeutet, dass es vollkommen richtig war, in dieser Situation vor den Augen Ihrer Ex eine andere Frau zu küssen. Man könnte es als Frage des Stils ansehen, vielleicht auch als etwas in Richtung eines allgemeinen oder nachwirkenden Rücksichtsgebots. Auch wenn Ihre Ex Sie verlassen hat, bleiben Sie beide durch die gemeinsam verbrachten Jahre jeweils Bestandteil Ihrer beider Leben. Nun, beim ersten Wiederaufeinandertreffen, offen eine andere Frau zu küssen, ist wie »ICH KANN TUN, WAS ICH WILL!!!!!!« in Großbuchstaben mit etlichen Ausrufezeichen zu schreiben. Der Satz mag richtig und berechtigt sein, das macht diese Art zu kommunizieren aber nicht schön.

*Literatur:*

Die Idee der Widerspruchsfreiheit als Voraussetzung für die Verbindlichkeit einer Handlungsfreiheit findet sich in der sogenannten Naturgesetzformel von Kants Kategorischem Imperativ:

»Handle so, als ob die Maxime deiner Handlung durch deinen Willen zum allgemeinen Naturgesetze werden sollte.« Grundlegung zur Metaphysik der Sitten, AA IV, S. 421

»Da sehe ich nun sogleich, dass sie niemals als allgemeines Naturgesetz gelten und mit sich selbst zusammenstimmen könne, sondern sich notwendig widersprechen müsse.« Grundlegung zur Metaphysik der Sitten, AA IV, S. 42

Eine wirklich gute Einführung und einen guten Überblick über die verschiedenen Varianten des Kategorischen Imperativs bieten: Kant für Anfänger. Der kategorische Imperativ. Eine Lese-Einführung von Ralf Ludwig, dtv, München 1999

»Vor wenigen Wochen ist meine Frau verstorben, mit der ich 41 Jahre verheiratet war. Mir stellt sich die Frage, ob ich meinen Ehering weiter trage, obwohl dies doch ein äußeres Zeichen einer Ehe ist, die für mich nicht mehr besteht. Oder wann der richtige Zeitpunkt wäre, ihn abzunehmen, auch im Hinblick auf die Wirkung bei den Verwandten und Bekannten?« Hartmut L., Köln

Beim Lesen Ihrer Frage stutzte ich. Streng und nüchtern betrachtet haben Sie durchaus recht mit Ihrer Einschätzung, dass die Ehe nun, nach dem Tod Ihrer Frau, nicht mehr besteht. Dennoch überrascht diese Aussage, auch weil Untersuchungen zufolge viele Verwitwete eher dazu neigen, den verstorbenen Partner als noch bei ihnen weilend zu empfinden: vom vermeintlichen Sehen auf der Straße über das Gefühl, er oder sie sei in bestimmten Situationen anwesend, bis hin zu Berührungserlebnissen an der Grenze zum Paranormalen. Dazu passt auch, dass viele Menschen nach dem Tod des Ehepartners den Ehering eher behalten als ablegen wollen, manche den Ring des Partners zum eigenen stecken oder aus sogar den beiden Ringen einen neuen fertigen lassen und diesen dann tragen.

Ich muss gestehen, gerade diese Idee gefällt mir, weil sie eines sehr schön ausdrückt: Mit dem Tod eines Partners endet die Ehe tatsächlich, damit wandelt sich auch die Bedeutung der Ringe vom Zeichen der Bindung zum

Zeichen der Verbundenheit und der Erinnerung. Die beiden Ringe zu einem zusammenschmelzen zu lassen kann das versinnbildlichen: dass der oder die Überlebende mit dem oder der Toten zwar verbunden bleibt, aber eben nicht an einen Toten gebunden.

Nun ist, was mir gefällt, kein Maßstab für Ihr Leben, aber mit Hilfe der Erkenntnis des Wandels von der Bindung zur Verbundenheit lässt sich auch Ihre Frage beantworten: Da mit dem Tod eines Ehepartners die Ehe endet und damit das Gebundensein, ist der richtige Zeitpunkt, den Ring abzulegen, dann, wenn Sie es tun wollen, wenn Sie kein Bedürfnis mehr verspüren, ihn weiter zu tragen. Sei es, weil Sie die Verbundenheit auch ohne Ring ausreichend verspüren, sei es, weil Sie den Schwerpunkt Ihres Lebens in die Zukunft legen wollen. In diesem Zusammenhang würde ich jede Vorgabe von außen ablehnen. Es ist Ihr Leben.

*Literatur:*

Jane Littlewood, Just an old-fashioned love song or a ›harlequin romance‹? Some experiences of widowhood, in: Jenny Hockey, Jeanne Katz, Neil Small (Hrsg.), Grief, Mourning and Death Ritual, Open University Press, Buckingham, Philadelphia 2001, S. 82–93

John S. Stephenson, Death, Grief and Mourning. Individual and Social Realities, The Free Press, New York 1985, S. 180–184

*»Ist es in Ordnung, seiner langjährigen Expartnerin nicht mehr zum Geburtstag zu gratulieren, wenn man sowieso nur noch unregelmäßig bis gar keinen Kontakt hat? Oder gehört es einfach dazu, als anständiger Mensch jemandem zum Geburtstag Glück zu wünschen, mit dem man viel gemeinsam erlebt hat?«* Christian K., Dresden

In seinem Roman *Die unerträgliche Leichtigkeit des Seins* widmet Milan Kundera eine Passage der Betrachtung, wie Worte und Gegenstände sich im Lauf eines Lebens entwickeln. Er bezeichnet sie als Motive in der Partitur des Lebens, die jedes Mal, wenn sie wieder auftauchen, eine neue Bedeutung erlangen, aber von allen bisherigen Bedeutungen weiterhin durchströmt würden. Das aber zeige sich, so Kundera, besonders bei Paaren. Solange sie jung seien, »und die Partitur ihres Lebens erst bei den ersten Takten angelangt ist, können sie gemeinsam komponieren und Motive austauschen«. Wenn sie sich später begegneten, seien die Kompositionen schon mehr oder weniger vollendet, und jedes Wort, jeder Gegenstand bedeute in der Komposition des Einzelnen etwas anderes.

Was bedeutet das hier? Ich glaube, es zeigt, wie sehr man mit einem Menschen, mit dem man eine längere Wegstrecke seines Lebens gemeinsam zurückgelegt hat, verbunden bleibt, auch wenn man sich getrennt hat. Kundera spricht vom »Rauschen des semantischen Flusses«, das eben bei manchen Begriffen das gleiche wurde. Man stößt immer wieder auf Dinge, Erlebnisse, Formulierungen, die eine gemeinsame Bedeutung erlangt haben. Die Erfahrungen, die man zusammen gemacht hat, wurden Teil der Lebensgeschichte. Pathetisch ausgedrückt bleiben die Lebenslinien verwoben, auch wenn sie danach auseinanderlaufen.

Ich weiß nicht, ob Sie in Ihrer Frage die Formulierung »Gehört es einfach dazu?« bewusst, unbewusst oder zufällig gewählt haben, aber darin liegt meines Erachtens der Schlüssel zur Lösung. Ich würde die Antwort nicht an äußeren Gepflogenheiten oder gar Verpflichtungen festmachen wollen, sondern an Ihrer Person, daran, ob es »zu Ihnen dazugehört«. Es geht um die Partitur Ihres Lebens, deshalb sollten Sie sich ganz einfach bewusst machen, ob Sie das persönliche Bedürfnis haben zu gratulieren. Falls ja – und Ihre Überlegungen scheinen mir in diese Richtung zu deuten –, tun Sie es. Anders hingegen, wenn Sie das Bedürfnis nicht verspüren – sei es, weil Sie im Streit geschieden sind, einer den Kontakt abgebrochen hat oder Sie sich zu weit voneinander entfernt haben: Dann ist es auch »in Ordnung«, nicht zu gratulieren. Einen Glückwunsch, der rein aus Verpflichtung erfolgt, würde ich ohnehin eher kritisch sehen.

*Der Roman zur Frage:*

Milan Kundera, Die unerträgliche Leichtigkeit des Seins, aus dem Tschechischen von Susanna Roth, Fischer Taschenbuch Verlag, Frankfurt am Main 1987

# Kröten und Sümpfe

## Über Umwelt und Tiere

*»Ich habe eine Espresso-Maschine, für die ich Kaffeekapseln aus Aluminium bei einem großen Versandhändler bestelle. Das ist für mich bequem, obwohl ich die Probleme im Hinblick auf die Umwelt und die Arbeitsbedingungen der Versandmitarbeiter kenne. Ist es schlimmer, das zu wissen und es trotzdem zu tun, oder aus reinem Unwissen heraus so zu handeln?«* Julia C., München

Das ist ein sehr alter Streit. Im »Hippias minor« genannten Dialog bei Platon geht es genau um die Frage, wer »besser« ist: derjenige, der planvoll lügt oder falsch handelt, also über mehr Wissen und Fähigkeiten verfügt, oder derjenige, der unfreiwillig die Unwahrheit sagt oder falsch handelt, aber eben weil er weniger kann oder weiß. Eine echte Lösung findet sich dabei nicht.

Über diesen Dialog ist viel gestritten worden, inhaltlich, aber auch, ob er wirklich von Platon stammt oder vielleicht nur eine Fingerübung oder ein Gedankenspiel darstellt. Es war Aristoteles, der eine Lösung aufzeigte, indem er das technische Können von der Entscheidung trennte und nur die Entscheidung moralisch bewerten wollte. Danach würden Sie moralisch schlechter handeln als der Unwissende.

Allerdings scheinen mir sowohl Platon als auch seine Rezipienten etwas zu übersehen: Sie betrachten die Situation rein statisch. Das Leben ist aber nicht statisch, sondern dynamisch, es bewegt und entwickelt sich. Das bedeutet zunächst, dass man das Wissen ja erworben haben muss, aktiv, oder zumindest offen dafür gewesen sein. Und diese Bereitschaft, Probleme wahrzunehmen, ist auch moralisch achtenswert, zum einen im Sinne der Wahrheit, zum anderen, weil sie einen ersten Schritt zum moralischen Handeln darstellt.

Vielleicht bin ich zu sehr Optimist, aber ich glaube, dass Ihr Wissen tatsächlich besser ist, als es nicht zu wissen. Ich glaube nämlich, wenn Sie nicht ein wirklich böser Mensch sind, der Freude an der Ausbeutung von Menschen und Natur empfindet, dann hat dieses Wissen – und darauf kommt es an – die Potenz, etwas zu ändern. Vollkommen gleichgültig sind Ihnen diese Themen nicht, sonst wüssten Sie darüber nicht Bescheid. Und auf Dauer, da bin ich eben Optimist, bewirkt dieses Bewusstsein irgendwann auch eine Verhaltensänderung.

*Literatur:*

Platon, Hippias minor, 363a – 376c, zum Beispiel in der Übersetzung von Friedrich Schleiermacher, in: Platon, Sämtliche Werke, Bd. 1, Rowohlt Taschenbuch Verlag, Reinbek bei Hamburg 1994, S. 85–103

Aristoteles, Metaphysik, 1025a, zum Beispiel in der Übersetzung von Hermann Bonitz, Rowohlt Taschenbuch Verlag, Reinbek bei Hamburg 1994, S. 165

Aristoteles, Nikomachische Ethik, IV. Buch, 1127a/b, zum Beispiel in der Übersetzung von Olaf Gigon, dtv, München 1991, S. 197, oder Ursula Wolf, Rowohlt Taschenbuch Verlag, Reinbek bei Hamburg 2006, S. 154

Jörg Jantzen, Platon: Hippias minor oder Der Falsche Wahre. Über den Ursprung der moralischen Bedeutung von »gut«. Kommentar mit der Übersetzung von Friedrich Schleiermacher, VCH, Weinheim 1989. Dort insbesondere auch die Ausführungen zu der Problematik in der Einleitung S. VIIff.

Michael Erler, Der Sinn der Aporien in den Dialogen Platons. Übungsstücke zur Anleitung im philosophischen Denken (Untersuchungen zur antiken Literatur und Geschichte, herausgegeben von Winfried Bühler, Peter Herrmann, Otto Zwierlein, Bd. 25), de Gruyter, Berlin 1987

Gerhard Müller, Platonische Freiwilligkeit im Dialoge Hippias Elatton. In: Gerhard Müller: Platonische Studien, herausgegeben von Andreas Graeser und Dieter Maue, Carl Winter Universitätsverlag, Heidelberg 1986

Jan-Markus Pinjuh, Platons Hippias Minor. Übersetzung und Kommentar. (Classica Monacensia, Münchner Studien zur klassischen Philologie), herausgegeben von Martin Hose und Claudia Wiener, Bd. 48, Narr Verlag, Tübingen 2014

Meinen Optimismus für die Verhaltensänderung gründe ich unter anderem auf die metaethische Idee des Internalismus: Das Erkennen und sich Aneignen einer moralisch richtigen Position ist intrinsisch mit der Motivation verknüpft, dann auch so zu handeln.

Näheres findet sich in dieser Gewissensfrage: http://sz-magazin.sueddeutsche.de/texte/anzeigen/30646/Die-Gewissensfrage

Sowie in folgenden Quellen:

William K. Frankena, »Obligation and Motivation in Recent Moral Philosophy« (1958) in: Kenneth E. Goodpaster (Hrsg.), Perspectives on Morality. Essays von William K. Frankena, Notre Dame / London 1976, S. 49–73

Einen guten Überblick über den Gegensatz zwischen Internalismus und Externalismus findet man bei:

Nico Scarano, Motivation, in: Marcus Düwell, Christoph Hübenthal, Micha H. Werner (Hrsg.), Handbuch Ethik, Verlag J. B. Metzler, Stuttgart / Weimar 2002, S. 432–437

Herlinde Pauer-Studer, Einführung in die Ethik, Facultas Verlag, Wien (WUV / UTB) 2003, S. 179 ff.

Detlev Horster, Was soll ich tun? Moral im 21. Jahrhundert, Reclam Verlag, Leipzig 2004, S. 69 ff.

*»Die USA gehören zu den größten CO₂-Emittenten, aber*
*auch zu den größten Leugnern des Klimawandels – allen*
*voran ihr Präsident. Ist es trotz der zu erwartenden Schä-*
*den auch an Menschen ethisch vertretbar, den immer*
*heftigeren Hurrikans einen verheerenden Weg tief in die*
*USA zu wünschen, damit die Politiker und Bürger zur*
*Vernunft kommen und endlich Verantwortung überneh-*
*men?«*                                             *Gerd D., München*

Ihren Wunsch kann man unterschiedlich deuten. Als hä-
mische Freude über einen möglichst großen Schaden in
den USA, weil sich die Menschen dort Ihrer Meinung
nach falsch, unmoralisch und egoistisch verhalten. Als
Genugtuung über eine gerechte Strafe für dieses Fehlverhalten im Sinne einer adäquaten Vergeltung. Als Zufrie-
denheit über ausgleichende Gerechtigkeit, darüber, dass
die Schäden der Erderwärmung einen ihrer Hauptverursa-
cher treffen und nicht vorrangig arme Inselgruppen, die
kaum dazu beigetragen haben. Und als Überlegung, dass
diese Schäden, mögen sie bedauerlich sein, zu einer Verhaltensänderung führen, die künftige, noch größere Schäden weltweit verhindert. Ich halte den Wunsch unter allen vier Betrachtungsweisen für falsch. Bei der hämischen
Freude ist es am einfachsten, die sehe ich immer als verwerflich an. Auch Strafe rein um der Vergeltung willen
halte ich nicht für sinnvoll, sie ist mir zu sehr in die
Vergangenheit gerichtet. Die ausgleichende Gerechtigkeit

hat das Problem, dass ein Schaden in den USA den Karibikinseln, die unabhängig davon betroffen sind, nicht hilft und es dann wieder in Richtung Vergeltung geht. Zudem träfe die Betrachtung allenfalls für die Gesamtheit der USA zu, nicht aber für die vielen Einzelschicksale, bei denen noch dazu ärmere Bevölkerungsschichten häufig stärker betroffen sind.

Bleibt schließlich die Idee der Verhinderung von künftigen größeren Schäden. Obwohl der Wunsch in diese Richtung zunächst sinnvoll klingt, halte ich ihn nicht für gut. Mag es auch einem begrüßenswerten Ziel dienen, wären es dennoch Einzelne mit ihren individuellen Schicksalen, die man dem – im Wunsch opfert. Und in dem Moment zeigt sich deutlich, dass man dabei die einzelnen Menschen nicht mehr als individuell Betroffene sieht, sondern nur noch als Mittel. Und das ist auch gedankenethisch problematisch.

*Quellen:*

Zum Zweck der Strafe lesenswert: Claus Roxin, Strafrecht AT Band 1, 4. Aufl. C. H. Beck, München 2005, § 3

Winfried Hassemer, Warum Strafe sein muss, Ullstein, Berlin 2009

Georg Wilhelm Friedrich Hegel, Grundlinien der Philosophie des Rechts, § 99

Das bekannteste Zitat zur Strafe als Vergeltung findet man bei Seneca: Seneca, De ira, Liber primus, XIX, 7
»Nam, ut Plato ait, nemo prudens punit, quia peccatum est, sed ne peccetur; revocari enim praeterita non possunt, futura prohibentur.« Übersetzung: »Denn, wie schon Plato sagt, kein Kluger straft, weil gesündigt worden ist, sondern damit nicht gesündigt werde; denn Vergangenes kann man nicht mehr ungeschehen machen, Zukünftiges ist zu verhindern.« Zu finden z. B. in einer zweisprachigen Ausgabe Lateinisch / Deutsch bei Reclam, Stuttgart 2007

*»Auf einem millionenfach geklickten Video im Internet sieht man, wie ein Sperber über eine Elster herfällt, sie zu einem Wasserbecken schleppt, derweil die Elster herzzerreißend schreit, und sie darin ertränkt. Furchtbar. Die Kommentare gehen von ›Das ist Natur‹ bis ›Warum hat die Person, die das filmt, nicht der Elster geholfen?‹ Hätte man eingreifen müssen?«*       Georg L., Starnberg

Auch wenn es widersprüchlich klingen mag: Ich kann beiden Kommentaren zustimmen. Das ist in der Tat die Natur, die unendlich grausam sein kann. Wem Kettensägenmassaker zu harmlos sind, der sollte sich Tierfilme ansehen. Mit einem großen Unterschied: Was Menschen tun, unterfällt den Kategorien gut und böse.

Der Sperber handelt zwar grausam, aber nicht »böse« oder »unmoralisch«. Diese Begriffe kann man nur auf menschliches Verhalten anwenden, weil nur der Mensch, anders als eben Tiere, die Möglichkeit hat, zwischen richtig und falsch zu unterscheiden und sich zu entscheiden. Auch wenn die Natur erbarmungslos ist, ist sie nicht böse; sie ist in den Worten des englischen Biologen T. H. Huxley »moralisch indifferent«. Der Göttinger Anthropologe Christian Vogel gab seinem Buch zu diesem Thema den Titel *Vom Töten zum Mord*, weil eine noch so bestialische Tötung in der Natur nur eine Tötung ist, ohne moralische Bewertung. Erst wenn ein Mensch sie begeht, kann sie den Unrechtsgehalt bekommen, der es rechtfertigt, sie als Mord zu bezeichnen, von anderen Tötungen abzugrenzen – und entsprechend zu bestrafen.

Das bedeutet jedoch nicht, dass es nicht Gründe dafür gäbe, einzugreifen. Ich will sie an Ihrer Bezeichnung »herzzerreißend« für die Schreie festmachen. Denn auch wenn der Sperber nicht böse handelt, leidet die Elster offenbar, und Leid berechtigt zum Eingreifen. Das kann nicht so weit gehen, nun alle Raubtiere, die regelmäßig andere Tiere töten, dem Hungertod preiszugeben oder gar auszurotten. Aber nicht jedes Beuteschlagen ist in diesem Ausmaß brutal. Warum hat dieses Video so viele Klicks? Weil es selbst für Verhältnisse der Natur auffallend grausam ist. Das darf man verhindern, vielleicht sollte man es sogar. Zu einem »müssen« kann ich mich allerdings nicht durchringen. Es ist eben nicht böse, sondern »nur« die Natur.

*Literatur:*

Das Video kann man sich hier ansehen:
https://youtu.be/RoYcdt-agOA

Christian Vogel, Vom Töten zum Mord. Das wirkliche Böse in der Evolutionsgeschichte, Hanser Verlag, München 1989

Der Untertitel »Das wirkliche Böse« zielt auf den Titel »Das sogenannte Böse« des bekannten Buches von Konrad Lorenz mit dem Untertitel »Zur Naturgeschichte der Aggression«, dtv, München 1998

Zu dem Thema lesenswert (mit einer Kritik an Lorenz):

Michael Schmidt-Salomon, Eckart Voland, Die Entzauberung des Bösen, in dem auch sonst lesenswerten Band: Franz Josef Werz (Hrsg.), Kolleg Praktische Philosophie, Bd. 1, Ethik zwischen Kultur- und Naturwissenschaft, Reclam Verlag, Stuttgart 2008, S. 97–123

»Mein relativ neuer weißer Baumwollteppich im Bad muss gewaschen werden. Für eine Waschmaschine ist er zu groß, also brachte ich ihn zur Teppichwäscherei, wo ich 23,50 Euro bezahlen sollte. Der Teppich hat aber nur 16,50 Euro gekostet! Nun werfe ich ungern Dinge weg und bin durchaus umweltbewusst, aber wenn eine simple Wäsche die Anschaffungskosten übersteigt, komme ich schon ins Nachdenken.«  Adam R., Bad Aibling

Hoffentlich bekomme ich jetzt nicht Ärger mit dem Verkäufer des Teppichs oder dem Verband der Badezimmerteppichhersteller, aber meines Erachtens beginnt Ihr Problem bei der Auswahl des Produkts: Badezimmer gehören zu den Feuchträumen und sind meist auch gut temperiert. Unter mikrobiologischen Gesichtspunkten ein ideales Klima für das Wachstum aller möglichen Kleinstlebewesen wie Bakterien etc. Deshalb halte ich einen Teppich, der so groß ist, dass man ihn nicht regelmäßig waschen kann, für fehl am Platze. Würden Sie sich ein Handtuch kaufen, das zu groß ist, um es zu waschen, und dann so lange benutzen, bis es unansehnlich wird? Warum dann einen Teppich, auf dem Sie täglich mit blanken nassen Füßen stehen?

Nun haben Sie das Ding aber schon und für die Gewissenshygiene stellt sich die Frage, ob Sie es zum Dekontaminieren in eine Spezialanstalt bringen oder direkt zum Verbrennen oder Kompostieren. Die Ökonomie spricht für das Entsorgen, die Ökologie dagegen. Sehr sogar. Obwohl »Baumwolle« als Begriff nach grüner Natur klingt, ist sie – konventionell angebaut – ein problematischer Stoff. Umweltverbänden zufolge wird ein Viertel aller Insektizide weltweit für die Baumwollproduktion eingesetzt. Für das Material eines T-Shirts benötigt man große Mengen an Gift und enorme Mengen an Wasser. Das hochgerechnet, hat Ihr wäschetrommelsprengender Teppich halbe Landstriche verwüstet, und Sie kommen gar nicht mehr darum herum, ihn säubern zu lassen und nicht laufend neue Teppiche zu kaufen.

Man kann überlegen, ob der Teppich nicht einfach zu billig ist, weil er die Umweltkosten außer Acht lässt – von den Lebensbedingungen der Farmarbeiter ganz zu schweigen. Aber auf jeden Fall rechtfertigt – und da kommen wir jetzt zur moralischen Abwägung – Ihre persönliche Einsparung von ein paar Euro nicht die damit verbundene Belastung der Umwelt.

*Literatur:*

Wenn Sie sich für dieses Thema interessieren, können Sie hier weiterlesen:

Alexandra Baum, Kirsten Brodde, Textil-Fibel 5, Greenpeace Media 2016

Andreas Engelhardt, Schwarzbuch Baumwolle. Was wir wirklich auf der Haut tragen, Deuticke Verlag, Wien 2012

Eine Leserin empfahl in einer Zuschrift, den Teppich zu halbieren, damit die beiden Teile in die Waschmaschine passen. Wenn das funktioniert, sicherlich eine gute Idee.

*»Ich mag große Autos mit viel Platz, besonders SUVs, würde mir aber keinen solchen Wagen kaufen, weil sie zu viel Benzin verbrauchen. Auch als Firmenwagen habe ich mir aus diesem Grund einen Kleinwagen ausgesucht. Nun habe ich eine Kollegin, die mit ihrem Firmen-SUV sehr unzufrieden ist und mir vorschlug, Autos zu tauschen. Da sie sehr viel mehr fährt als ich, würde es mit dem Tausch zu einer geringeren $CO_2$-Belastung der Umwelt kommen. Kann ich daher guten Gewissens auf ihren Vorschlag eingehen, oder setze ich damit ein falsches Zeichen?«* Johannes D., Jever

Es war einmal ein Geschäftsmann. Der wünschte sich so sehr ein großes schweres Auto. Weil das aber sehr viel Benzin braucht und viele Abgase ausstößt und der Geschäftsmann ein guter Mensch war, fuhr er nur ein kleines Auto. Doch eines Tages kam zu ihm eine gute Fee, verkleidet als Kollegin, und sagte: Du wolltest doch immer ein großes Auto. Ich will meines nicht mehr, wollen wir nicht tauschen? Weil ich viel mehr fahre als du, belasten wir dann beide zusammen die Umwelt weniger als jetzt. Da freute sich der gute Geschäftsmann, weil er jetzt viel Sprit verbrauchen und trotzdem gut sein konnte. Die beiden tauschten ihre Autos und waren glücklich bis an ihr Lebensende. Oder zumindest bis zum Ende ihrer Leasingverträge.

Mal ehrlich, klingt das nicht wirklich fast wie ein Märchen? Ich werde ja fast reflexartig skeptisch, wenn etwas, das sonst bedenklich ist, aufgrund ganz besonderer Umstände in diesem Fall plötzlich in Ordnung gehen soll. Nur: Hier scheint es ausnahmsweise zu funktionieren. Natürlich wäre es für die Umwelt noch besser, wenn Sie beide in Zukunft zu den Kunden joggen oder modernste Sparautos kaufen würden. Wenn das jedoch im Moment ausscheidet, scheint es widersinnig, aus Umweltschutzerwägungen die Umwelt stärker zu belasten und aus Prinzip die Beteiligten an ihre jeweiligen ungeliebten Autos zu ketten.

Setzen Sie damit ein falsches Zeichen? In gewissem Sinne ja, aber dafür setzt Ihre Kollegin das gegenteilige, indem sie auf den sparsameren Wagen umsteigt. Und den Spritfresser als Fanal öffentlich zu verschrotten scheitert vermutlich an der Controllingabteilung Ihrer Firma. Sie müssen damit leben können, als Fahrer einen Eindruck hervorzurufen, der – zumindest zum Teil – Ihren Überzeugungen zuwiderläuft; ansonsten spricht in dieser besonderen Konstellation aus moralischer Sicht tatsächlich wenig gegen den Autotausch.

»Kürzlich entdeckte ich auf einem Brüsseler Antiquitätenmarkt einen Armreif, der mir sehr gut gefiel – aus Elfenbein, vermutlich aus Zeiten der belgischen Kolonialherrschaft. Sofort war mir klar: Das geht nicht. Der arme Elefant. Und dazu waren die Belgier mit die grausamsten Kolonialherren! Aber der Armreif will mir nicht aus dem Kopf, immer wenn ich mit der Tram am Antiquitätenmarkt vorbeifahre, überlege ich, ihn zu kaufen. Der Elefant ist doch lange tot!«                    Marc B., Brüssel

Bekanntermaßen trägt man beim Konsum Verantwortung: Man erzeugt eine »Nachfrage«, und dieses Wort beinhaltet schon, dass man damit einen Mechanismus in Gang setzt, der nicht nur die Herstellung des Produkts ankurbelt, sondern über diesen Weg auch die Gewinnung seiner Rohstoffe. Der Verbraucher hat also einen zwar indirekten, aber doch vorhandenen Einfluss auf die Produktion und damit eben auch die Verantwortung dafür.

Für gewöhnlich ist das auch so, nicht aber hier: Antiquitäten sind dank der Zeitspanne, die per definitionem seit ihrer Entstehung vergangen ist, von der Produktion so weit abgekoppelt, dass man keine Rückwirkung fürchten muss und damit auch keine Verantwortung für ihre Herstellung trägt. Ob Sie den Armreif kaufen oder nicht, ändert weder etwas an der Gefahr für die Elefanten, wegen ihres Elfenbeins gejagt zu werden, noch an den Gräueln der Kolonialherrschaft. So gesehen könnten Sie ruhigen Gewissens zugreifen.

Allerdings führt die große Entfernung des Gegenstands von seiner ursprünglichen Produktion dazu, dass etwas anderes stärker hervortritt: das »aktive Konsumieren«, das der französische Soziologe und Kulturphilosoph Michel de Certeau beschrieben hat. De Certeau war der Meinung, dass der Konsument durch die Auswahl der Produkte sich diese aneignet und für sein Leben mit neuen Bedeutungen versieht. Damit verändert er einerseits die Produkte, produziert also etwas teilweise Neues, verändert damit durch diese Produkte aber auch sein Leben, gestaltet seine Identität und Lebenswelt.

Was bedeutet das nun praktisch? Sie können als »aktiver Konsument« den Armreif durch die Aneignung gewissermaßen verändern, indem Sie ihm im Bewusstsein seiner Geschichte eine andere Bedeutung geben. Daneben fügen Sie den belasteten Gegenstand aber auch in Ihr Leben ein und verändern es damit – wie stark und in welcher Weise auch immer. Meiner Meinung nach trägt man auch für dieses aktive Konsumieren im Sinne de Certeaus ebenso Verantwortung wie für die Folgen des klassischen Konsumierens: Bildlich gesprochen klebt das Blut der Kolonialherrschaft und des Elefanten an dem Armreif, und ich bezweifle, dass Sie das durch Aneignung in Ihr Leben einerseits abwaschen können und andererseits sollten.

*Literatur:*

Michel de Certeau, Kunst des Handelns, Merve Verlag, Berlin 1988

Veronika Krönert, Michel de Certeau: Alltagsleben, Aneignung und Widerstand, in: Andreas Hepp, Friedrich Krotz, Tanja Thomas (Hrsg.), Schlüsselwerke der Cultural Studies (Medien – Kultur – Kommunikation), VS Verlag für Sozialwissenschaften, Wiesbaden 2009

*»Für die Haare unserer 7-jährigen Tochter haben wir lange eine Pflegespülung verwendet, von der ich neulich einige Flaschen günstig auf Vorrat kaufte. Kurz darauf wurde diese Spülung in der Zeitschrift ›Öko-Test‹ aufgrund potentiell krebserregender Bestandteile als ›mangelhaft‹ bewertet. Auf keinen Fall wollten wir dieses Produkt weiter verwenden, die Entsorgung im Hausmüll erschien mir aber aus ökologischen Gründen problematisch. Eine Rückgabe kam nicht in Frage, da ich keinen Kassenbon mehr hatte. Also habe ich die nicht angebrochenen Flaschen unbemerkt ins Regal des Drogeriemarktes zurückgestellt. Ob das wohl eine korrekte Vorgehensweise war?«*                                    *Anja J., Hamburg*

Wo gäbe es etwas zu bemäkeln an Ihrem Vorgehen? Sie kümmern sich sorgsam um die Haare Ihrer Tochter, achten auf die Haushaltskasse ebenso wie auf die Gesundheit Ihres Kindes, denken gleichermaßen schadstoffbewusst und ökologisch, es geht Ihnen bei der Verwertung des inkriminierten Produkts nicht ums Geld, sondern nur um die Sache, und Sie gehen das auch noch pfiffig an.

Am Ende sind alle zufrieden – außer Ihrem Gewissen. Warum? Vielleicht weil Sie ein Gefühl haben, als ob Gift an Ihren Händen klebt: Irgendjemand schüttet gerade ein Produkt aus Ihrem Besitz auf einen Kinderkopf, das Sie, statt es selbst zu verwenden, am liebsten nur mehr mit Schutzhandschuhen berührt hätten.

Das ist der erste ernst zu nehmende Punkt, denn Sie haben Ihren Beitrag zu verantworten. Auch wenn es – betrachtet man es allein vom Ergebnis her – sogar kontraproduktiv sein könnte, die Flaschen zur Giftmülldeponie zu tragen: Da Sie am Konsumverhalten der anderen Kunden nichts ändern und es Ihnen kaum gelingen wird, den Markt leer zu kaufen, erhöhen Sie damit vor allem den Umsatz der fragwürdigen Substanzen.

Noch mehr lässt mich indes ein anderer Aspekt an Ihrer Aktion zweifeln: die Missachtung der Autonomie der anderen Beteiligten. Glauben Sie, dass es dem Drogeriemarkt recht ist, wenn Sie seine Regale aus Ihrem Vorratsschrank befüllen? Dass die nachfolgenden Kunden gern zu den Flaschen aus Ihren Altbeständen greifen, wenn sie es denn wüssten?

Vermutlich nicht, sonst würden Sie ja nicht heimlich vorgehen. Und damit sind wir beim zentralen Punkt: Indem Sie wie ein umgekehrter Ladendieb agieren, zwingen Sie die anderen Beteiligten, bei Ihrem Spiel mitzumachen, ob sie wollen oder nicht – ja, schlimmer noch: ohne zu wissen, dass sie auf einem Spielfeld sind.

Zugegeben, der Eingriff ist nicht groß, werfen Sie mir ruhig Prinzipienreiterei vor, dennoch ist dieser Punkt für mich entscheidend.

# In gesunden und in kranken Tagen

## Über Körper und Gesundheit

»Vor einigen Jahren habe ich meine Nase korrigieren und einen kleinen Höcker entfernen lassen. Obwohl ich mit dem Resultat nicht ganz zufrieden bin, ist die Nase objektiv schöner geworden. Muss ich meinem Freund heute davon erzählen? Oder soll ich ihm den Eingriff verschweigen? Zumal er ohnehin einmal gesagt hat, dass er Nasen mit Höckern bei Frauen nicht attraktiv findet.«

Julia E., Baden-Baden

Warum zögern Sie, Ihrem Freund von dem Eingriff zu erzählen? Fürchten Sie, er könnte Sie weniger lieben, wenn er weiß, dass ein Teil dessen, was ihm gefällt, künstlich verschönert wurde? Oder dass er eine Nasenoperation aus rein ästhetischen Gründen als etwas Anrüchiges empfinden könnte?

Ich bin der Meinung, jeder Mensch hat das Recht, sich sein Leben in weiten Grenzen so zu gestalten, wie er oder sie es möchte. Das umfasst auch den eigenen Körper. Wer sich für zu dick hält, isst weniger oder geht joggen. Wer meint, er sieht mit Muskeln besser aus als ohne, stemmt Gewichte und ernährt sich eiweißreich. An beidem nimmt niemand Anstoß, solange es nicht im Übermaß geschieht; sei es, weil sich jemand seinen Körper ruiniert, sei es, dass das Ganze zur fixen Idee, gar zum Zwang wird und nicht mehr freiwillig geschieht. Oder weil jemand die Langzeitfolgen nicht ausreichend bedenkt. Wobei auch die Entscheidung, ob man mehr Wert auf den Augenblick legen will oder lieber an die Zukunft denkt, sehr persönlich ist.

Ähnlich sehe ich es bei Schönheitsoperationen: Natürlich handelt es sich um Eingriffe in den Körper, die mit Risiken verbunden sind. Aber es ist der Körper der jeweiligen Person, die auch die Risiken trägt. Es mag mehr Größe, Stärke oder Reife bedeuten, sich zu empfundenen oder tatsächlichen Makeln zu bekennen. Aber es gibt keine Pflicht, groß, stark und reif zu sein. Vielleicht wird man auf Dauer eher glücklich, wenn man zu sich steht, so wie man ist, als einem Ideal hinterherzulaufen. Aber erstens wird mancher Mensch womöglich gerade bei diesem Hinterherlaufen glücklich, und zweitens ist es jedermanns persönliche Sache, ob und vor allem wie er oder sie glücklich wird. Wieder vorausgesetzt, man ist sich der Risiken bewusst und es handelt sich nicht um eine fixe Idee. All das gehört mindestens so sehr zu einer Person wie ein Höcker auf der Nase.

Damit wären wir beim zweiten Teil: Müssen Sie Ihrem Freund davon erzählen? Warum nicht? Es spricht manches dafür, es zu tun; aber müssen? Nein. Erzählen Sie davon, wenn Sie es wollen, und lassen Sie es, wenn nicht. Ich persönlich würde es erzählen, weil es zu Ihnen gehört. Ich würde eher hinterfragen, warum Sie zögern; ob Sie selbst mit Ihrer Nasenkorrektur im Unreinen sind. Aber ich bin nicht Sie. Was vermutlich wiederum Ihren Freund freut.

*»Wegen Verspannungen ließ ich mir auf eigene Kosten eine Rückenmassage machen, die so schlecht und unfachlich ausgeführt wurde, dass ich mich beschweren wollte. Dann hörte ich, dass die Krankengymnastin noch in der Probezeit war. Da ich ihren Arbeitsplatz nicht gefährden wollte, bezahlte ich kommentarlos. Hätte ich doch etwas sagen sollen, um zukünftigen Patienten eine unfachgemäße Behandlung zu ersparen, obwohl dadurch die Krankengymnastin eventuell ihren Arbeitsplatz verloren hätte?«*   Ulrike P., Bremen

Das »Sollen«, nach dem Sie fragen, würde ich gern aufspalten: Hätten Sie etwas sagen dürfen? Oder sogar, wegen der zukünftigen Patienten, etwas sagen müssen? Letzteres, eine Pflicht, kann ich nur dann erkennen, wenn die Massage nicht nur unproduktiv war, sondern kontraproduktiv; überspitzt ausgedrückt, wenn der Nächste Gefahr läuft, auf der Liege seine Gesundheit zu lassen. Jeder ist verpflichtet, auf eine echte Gefahr hinzuweisen; hingegen kann keine Pflicht bestehen, die Welt allgemein vor Mäßigem zu bewahren – was ohnehin ein hoffnungsloses Unterfangen wäre.

Glücklicherweise berichten Sie nicht von brachial zerknackten Wirbeln, so dass nur mehr die Frage bleibt, ob eine Beschwerde aus moralischer Sicht statthaft gewesen wäre. Ich finde: ja. Das klingt hart, da Sie nicht wissen können, woran die Missgriffe lagen. Gerade darin aber sehe ich den Punkt: Die Probezeit ist kein Folterinstrument des bösen Arbeitgebers, sondern eine gesetzliche Regelung, die beiden Seiten ermöglichen soll zu überprüfen, ob man zueinander passt. Der Praxisinhaber hat ein legitimes Interesse zu erfahren, wie gut seine neue Mitarbeiterin ihr Handwerk beherrscht, zumal es vielleicht andere Aspiranten gab, die nun keine Stelle bekommen. Er kann eher als Sie abschätzen, was vorgelegen hat: Unlust, echte fachliche Mängel oder nur ein Formtief.

Ihr Mitgefühl hat Sie Position für die Angestellte ergreifen lassen – ohne dass Sie wussten, ob diese Parteinahme gerechtfertigt war. Das moralisch Richtige beinhaltet jedoch nicht nur das Handeln entsprechend dem sozialen Gefühl, sondern auch das objektiv Gerechte. Und dazu gehören weitere Positionen: die des Arbeitgebers, der zukünftigen Patienten und sogar – ganz unzynisch – die anderer Arbeitssuchender.

*»Ich hatte Brustkrebs, darum wurde mir eine Brust amputiert; wo die Brust war, ist die Körperseite jetzt flach und mit einer zehn Zentimeter langen Narbe versehen. Wenn ich in die Sauna gehe, habe ich bisher meine Narbe und das Fehlen der Brust mit einem Handtuch einigermaßen verdeckt – weil ich andere Menschen, besonders andere Frauen, beim Saunabesuch nicht dazu bringen will, über Brustkrebs nachzudenken. Für mich wäre es einfacher, das zu lassen, andererseits ist der Aufwand überschaubar. Soll ich die Stelle weiterhin bedecken?«* Ann-Katrin D., Hamburg

Zu den Grundsätzen der Moral rechne ich die Rücksicht, und dazu gehört, immer dann, wenn ein Verhalten nur eine geringe Einschränkung bedeutet, für andere aber einen Gewinn darstellt, diese Einschränkung zugunsten der anderen hinzunehmen. Tatsächlich ist es für die meisten Menschen sehr belastend, sich mit einer potentiell tödlichen Krankheit auseinanderzusetzen, noch dazu bei einem Saunabesuch, der ja gerade der Entspannung dienen soll. Insofern könnte man dafür plädieren, dass Sie sich ein Handtuch über die Schulter hängen.

Doch halte ich das hier nicht für richtig. Unser Leben wird mehr und mehr bestimmt von der Illusion des perfekten Menschen – gefördert auch durch Werbung und Medien. Das mag auf den ersten Blick angenehm wirken, jedoch diskriminiert diese Illusion alle, die diesem Ideal nicht entsprechen, und setzt sie einem Leidensdruck aus. Die Frage des Menschseins hängt nicht an der Perfektion, und es ist falsch, sich dieser Diskriminierung anzuschließen oder auch nur zu beugen. In diesem Sinne kann es jedem Saunabesucher zugemutet werden, sich der kleinen Einschränkung seiner Illusion der Perfektion oder Unverletzlichkeit des Menschen auszusetzen. Und doppelt falsch ist es, eine Krankheit als Makel zu empfinden. Unter einer Krankheit zu leiden oder sie mit sichtbaren Spuren überwunden zu haben ist nichts, dessen man sich schämen oder das man verbergen müsste.

Etwas anderes gilt, wenn Sie sich mit Handtuch wohler fühlen. Patienten und Ärzte berichten davon, dass Krebs leider nach wie vor eine stigmatisierende Erkrankung ist. Weil seine Entstehung und Ursachen nicht geklärt sind, wird er, wie Susan Sontag schreibt, »als im moralischen, wenn nicht wörtlichen Sinne ansteckend empfunden«, der Kontakt mit einem Erkrankten gelte »unvermeidlich als Vergehen oder Tabuverletzung«. Ich hielte es zwar für klüger, wenn Sie sich dem stellen, für Ihr eigenes langfristiges Wohlbefinden, aber auch um die allgemeine Akzeptanz zu fördern. Wenn Sie sich diesem Umstand jedoch nicht aussetzen wollen, haben Sie jedes Recht, es nicht zu tun. Aber aus Rücksicht auf Sie selbst und nicht aus Rücksicht auf die anderen.

*Literatur:*

Erving Goffman, Stigma. Über Techniken der Bewältigung beschädigter Identität, Suhrkamp Verlag, Frankfurt am Main 1975

Susan Sontag, Krankheit als Metapher, in: Susan Sontag, Krankheit als Metapher. Aids und seine Metaphern, Fischer Taschenbuch Verlag, Frankfurt am Main 2003

*»Mein 90-jähriger Großvater ist seit längerer Zeit an De-*
*menz erkrankt. Er weigert sich kategorisch, das Autofah-*
*ren zu unterlassen, obwohl er bereits mehrere leichte Un-*
*fälle verursacht hat, zum Glück ohne Personenschaden.*
*Müssen wir ihn anzeigen und ihm damit den letzten Rest*
*an Mobilität und Lebensfreude nehmen, der ihm seit*
*dem Tod seiner Frau geblieben ist? Oder dürfen wir in*
*Kauf nehmen, dass vielleicht ein schrecklicher Unfall*
*passiert, den wir durch rechtzeitiges Handeln hätten ver-*
*hindern können?«*                       *Rüdiger T., Nürnberg*

»Blut ist dicker als Wasser«, »Das eigen Fleisch und Blut«
und so weiter – eine ganze Reihe von eher archaisch anmutenden Redewendungen schießt durch den Kopf bei
dem Gedanken, den eigenen Opa den Behörden zu melden. Solche Worte zeigen, wie tief das Missbehagen gegen
ein derartiges Vorgehen sitzt. In der Philosophie kennt
man das Problem aus einem Dialog Platons, in dem ein
Mann, Euthyphron, überlegt, seinen Vater wegen Tot-
schlags anzuzeigen. Sokrates fragt, ob der Sohn nicht be-
sorgt sei, damit eine »ruchlose« Tat zu begehen, selbst
wenn der Vater zu Recht belangt würde. Und hierzulande
bleibt straffrei, wer einen Angehörigen vor Strafverfol-
gung schützt; die Zwickmühle zwischen Familien- und
Gesellschaftsinteressen wird dabei als »notstandsähn-
lich« angesehen.

Gilt das auch in Ihrem Fall? Dürfen Sie zugunsten der

»Blutsbande« entscheiden – und gar nichts tun? So hart es klingen mag, ich meine: nein. Wenn selbst massives Einwirken den gefährlichen Chauffeur nicht zum Einlenken bringt, müssen Sie meiner Meinung nach etwas unternehmen. Jedoch nicht trotz, sondern wegen der engen Verbindung zu Ihrem Ahn. Ohne Zweifel trägt man Verantwortung für seine Angehörigen; das beinhaltet jedoch nicht nur, für sie zu sorgen, wenn sie Hilfe brauchen, sondern auch zu verhindern, dass sie Dinge tun, die anderen gegenüber objektiv nicht zu verantworten sind. Noch dazu, wenn bislang wohl nur aus Glück nicht mehr passiert ist. Der große Unterschied zu Platon oder der Strafvereitelung besteht darin, dass es hier nicht um die Verfolgung geschehenen Unrechts geht, sondern um die Abwendung künftigen Unglücks. Unglück, an dem Sie, weil Sie es verhindern könnten, im weitesten Sinn sogar beteiligt wären. Um beim – zugegeben etwas pathetischen – Bild zu bleiben: Das dickste Blut sollte das nicht vergossene sein.

*Quellen:*

Platon, Eutyphron

z. B. in der klassischen Übersetzung von Friedrich Schleiermacher in: Platon, Sämtliche Werke Bd. 1, Rowohlt Verlag, Reinbek bei Hamburg 1994, S. 247–270

Strafgesetzbuch (StGB)

§ 258 Strafvereitelung

(1) Wer absichtlich oder wissentlich ganz oder zum Teil vereitelt, daß ein anderer dem Strafgesetz gemäß wegen einer rechtswidrigen Tat bestraft […] wird, wird mit Freiheitsstrafe bis zu fünf Jahren oder mit Geldstrafe bestraft.

…

(6) Wer die Tat zugunsten eines Angehörigen begeht, ist straffrei.

*»Ich arbeite seit kurzem in einem Club hinter der Bar. Vor ein paar Tagen hat eine hochschwangere Frau bei mir für sich ein Bier bestellt. Ich habe es ihr dann verkauft, obwohl es alkoholhaltig ist. Müsste ich als Barkeeperin da Nein sagen, oder ist es jeder Frau selbst überlassen, ob sie in der Schwangerschaft Alkohol trinken will oder nicht?«*                                           *Hanna T., Bonn*

Unbestritten fügt Alkohol in der Schwangerschaft den ungeborenen Kindern Schaden zu. Bei größeren Alkoholmengen kann es zum Fetalen Alkoholsyndrom (FAS) kommen, mit Störungen des Wachstums und des zentralen Nervensystems, mit Fehlbildungen des Gesichts. Aber es sprechen auch Anzeichen dafür, dass schon kleine Alkoholmengen Schäden beim Kind verursachen können, so dass viele Experten heute generell von jeglichem Alkohol in der Schwangerschaft abraten.

Dennoch trinken Studien zufolge fast zwanzig Prozent der Schwangeren Alkohol, und in Deutschland kommen jedes Jahr rund 10 000 Kinder mit Alkoholschäden zur Welt, davon 2000 mit dem schweren FAS. Das kann auch daran liegen, dass einer Untersuchung zufolge fast die Hälfte der Deutschen nicht weiß, dass Alkohol in der Schwangerschaft zu bleibenden Schäden für das Kind führen kann.

Auf der anderen Seite trägt eine Schwangere zwar eine hohe Verantwortung, bleibt aber ein freier Mensch, dem

Fremde nicht einfach vorschreiben können, wie sie sich zu verhalten hat, selbst wenn es sinnvoll ist.

Was bedeutet das nun für Sie? Auch wenn man der Mutter die freie Entscheidung überlässt, wie sie ihre Schwangerschaft lebt und was sie ihrem ungeborenen Kind zumutet, haben Sie ebenfalls eine freie Entscheidung: nämlich darüber, woran Sie sich beteiligen wollen. Dass Sie im Service arbeiten, bedeutet nicht, dass Sie alles ausführen müssen, was man bei Ihnen bestellt oder Ihnen aufträgt. Es geht auch nicht darum, die Dame zu bevormunden – sie kann woanders Alkohol bekommen. Es geht darum, dass Sie die Verantwortung für Ihr persönliches Handeln tragen und danach entscheiden, was Sie tun. Speziell dann, wenn es, wie hier, gute Gründe für Ihre Haltung gibt. Und falls Sie deshalb Ärger mit Ihrem Chef bekommen, sollten Sie sich überlegen, ob Sie für jemanden arbeiten wollen, der Ihnen vorschreibt, Alkohol an Schwangere auszuschenken.

*Literatur:*

K. E. Bergmann, R. L. Bergmann, U. Ellert, J. W. Dudenhausen, Perinatale Einflussfaktoren auf die spätere Gesundheit. Ergebnisse des Kinder- und Jugendgesundheitssurveys (KiGGS), Bundesgesundheitsblatt – Gesundheitsforschung – Gesundheitsschutz 2007, 50:670–676

Schwangerschaft: Schon wenig Alkohol kann IQ des Kindes mindern, Deutsches Ärzteblatt online, 15. November 2012

Sarah J. Lewis, Luisa Zuccolo, George Davey Smith, John Macleod, Santiago Rodriguez, Elizabeth S. Draper, Margaret Barrow, Rosa Alati, Kapil Sayal, Susan Ring, Jean Golding, Ron Gray, Fetal Alcohol Exposure and IQ at Age 8: Evidence from a Population-Based Birth-Cohort Study, PLoS ONE 7(11): e49407. doi: 10.1371/journal.pone.0049407

Arne Hillienhof, Alkohol in der Schwangerschaft: Fetales Alkoholsyndrom unterschätzt, Deutsches Ärzteblatt, Ausgabe März 2015, S. 102

Alkohol schadet vor und während der Schwangerschaft, Deutsches Ärzteblatt online, 11. März 2014

Gesundheitsexperten warnen auch vor mäßigem Alkoholkonsum in der Schwangerschaft, Deutsches Ärzteblatt online, 6. September 2013

Camilla Nykjaer, Nisreen A. Alwan, Darren C. Greenwood, Nigel A. B. Simpson, Alastair W. M. Hay, Kay L. M. White, Janet E. Cade: Maternal alcohol intake prior to and during pregnancy and risk of adverse birth outcomes: evidence from a British cohort, J Epidemiol Community Health, zuerst online veröffentlicht am 10. März 2014 unter 10.1136/jech-2013-202934

Y. Kelly, M. Iacovou, M. A. Quigley, R. Gray, D. Wolke, J. Kelly und A. Sackera, Light drinking versus abstinence in pregnancy – behavioural and cognitive outcomes in 7-year-old children: a longitudinal cohort study, BJOG An International Journal of Obstetrics and Gynaecology, Oktober 2013 120(11): 1340–1347. Online veröffentlicht am 17. April 2013 unter 10.1111/1471-0528.12246

Loubaba Mamluk, Luisa Zuccolo, Health risks of light drinking in pregnancy confirms that abstention is the safest approach, The Conversation, 12. September 2017, https://theconversation.com/health-risks-of-light-drinking-in-pregnancy-confirms-that-abstention-is-the-safest-approach-83753

Mamluk L., Edwards H. B., Savović J., et al: Low alcohol consumption and pregnancy and childhood outcomes: time to change guidelines indicating apparently 'safe' levels of alcohol during pregnancy? A systematic review and meta-analyses, BMJ Open 2017;7:e015410. doi: 10.1136/bmjopen-2016-015410

Eidgenössisches Departement des Innern EDI, Bundesamt für Gesundheit BAG, Direktionsbereich Öffentliche Gesundheit, Faktenblatt Alkohol und Schwangerschaft vom 20. 10. 2011

*»Ich würde gern einen Organspendeausweis ausfüllen. Aber nur im Rahmen einer Clublösung: Ich wäre bereit, meine Organe zu spenden – an andere Spendenbereite. Ich sehe nicht ein, warum ich jemandem etwas spenden soll, der mir in einer ähnlichen Notlage nicht spenden würde. Der Organspendeausweis bietet diese Einschränkung nicht. Was soll ich tun?«* Jutta T., München

Über die sogenannte Clublösung oder Solidaritätslösung, dass also nur diejenigen ein Spenderorgan bekommen oder zumindest bevorzugt werden, die sich selbst zur Organspende bereit erklärt haben, kann man sich streiten. Dafür spricht vor allem, dass diese Lösung sicherlich die Zahl der Organspendebereiten steigern würde. Dagegen spricht vor allem, dass es schwierig ist, medizinische Hilfe für einen vom Tod Bedrohten davon abhängig zu machen, ob er oder sie sich zuvor richtig verhalten hat.

Das kann jedoch dahingestellt bleiben, denn Sie haben, wie Sie richtig schreiben, nicht die Möglichkeit, Ihre Organspende von dieser Voraussetzung abhängig zu machen. Sie können sich lediglich politisch oder in sonstiger Weise für diese Clublösung stark machen. Ansonsten bleibt Ihnen nur, die Organspende zu verweigern.

Und obwohl ich dieses Trittbrettfahrerverhalten – Transplantate annehmen, aber selbst nicht gewillt sein zu spenden – verurteile, hielte ich es für falsch, wenn Sie deshalb nun auch nicht mehr bereit wären, Organe zu spenden. Mehr noch: Zu sagen, bevor meine Organe jemand bekommt, der selbst nicht spenden will, soll sie niemand bekommen, halte ich für inhuman. Das würde bedeuten, ein Prinzip über den Menschen zu stellen, die eigene Vorstellung von Gerechtigkeit und Vergeltung höher zu bewerten als das Überleben anderer. Noch dazu handelt es sich dabei um eine archaische Auge-um-Auge/Zahn-um-Zahn-Gerechtigkeit. Und Sie dürfen nicht vergessen, dass dann auch diejenigen keine Chance bekommen, durch eines Ihrer Organe gerettet zu werden, die auch selbst bereit zur Spende sind.

Den Ausschluss der Trittbrettfahrer über all diese Aspekte zu stellen, hat mir zu viel von Bestrafung und Vergeltung um jeden Preis. Ich halte das Gebot, anderen zu helfen, hier für eindeutig vorrangig.

*Literatur:*

Nationaler Ethikrat, Die Zahl der Organspenden erhöhen – Zu einem drängenden Problem der Transplantationsmedizin in Deutschland. Stellungnahme, Berlin 2007

Gerald Schmola, Spendergemeinschaften auf Gegenseitigkeit in der Organspende: Clublösungen als Möglichkeit zur Erhöhung der Spendebereitschaft, Grin Verlag, München 2013

Ralf Jox, Galia Assadi, Georg Marckmann (Hrsg.), Organ Transplantation in Times of Donor Shortage: Challenges and Solutions (International Library of Ethics, Law, and the New Medicine 59), Springer international, Cham 2016

»*Als ich heute mit einer schweren Erkältung zum Arzt kam, war das Wartezimmer halbvoll. Neben jedem Wartenden war links und rechts ein Platz frei, ich setzte mich auf einen dieser freien Plätze. Als der Herr zu meiner Linken aufgerufen wurde, rutschte ich einen Platz nach links, um freien Platz auf beiden Seiten zu haben. Ist das legitim, oder werte ich damit die anderen Patienten um mich herum ab?*«* Dirk C., Augsburg

Sich von jemandem wegzusetzen, beinhaltet eine Aussage. Es bedeutet Mühe, darauf zu achten, ob ein anderer Platz frei wird, aufzustehen, zu diesem Platz zu gehen und sich wieder zu setzen. Offenbar – so die Aussage – ist der Wunsch, mehr Abstand zum bisherigen Nachbarn zu bekommen, groß genug, um diesen Aufwand zu betreiben.

Ob darin eine Abwertung liegt, kommt auf die Motive an. Im Ihrem Fall, der Sie mit einer Erkältung umgeben von einer Virenwolke im Wartezimmer sitzen, möchte ich Sie für das Auf-Abstand-Rutschen mit der Gewissensfragen-Medaille für moralisches Handeln im Alltag auszeichnen. Und säße ich selbst neben Ihnen, würde ich Sie am liebsten dafür umarmen – wäre es nicht in diesem Fall kontraproduktiv.

Aber auch ohne Erkältung würde ich Ihnen als Sitznachbar für Ihr Wegsetzen eine Ehrennadel für rücksichtsvolles Verhalten verleihen. Man empfände es als eigenartig, wenn sich ein neu Eintretender in einem sonst leeren Wartezimmer direkt neben einen setzt. Gleiches gilt für die U-Bahn, eine Gruppe von Parkbänken oder ein Kino. Direkt nebeneinanderzusitzen führt je nach Sitzabstand zu extremer Nähe bis hin zu unvermeidlicher körperlicher Berührung. Das ist in unserem Kulturkreis unangenehm, und man reagiert darauf, wie der Anthropologe Edward T. Hall beschreibt, mit Abwehrmaßnahmen in Form von Anspannung oder damit, möglichst unbewegt zu bleiben. Deshalb halte ich es, wenn sich etwa eine zuvor volle Bank zur Hälfte leert, für natürlich, auseinanderzurutschen.

Falsch wäre es, mit einem indignierten, gar verächtlichen Blick oder einem Naserümpfen aufzustehen. Macht man es mit einem Lächeln oder sagt: »So haben wir beide mehr Platz«, sollte sich ein verständiger Nachbar nicht abgewertet fühlen, sondern freuen.

*Quellen:*

Edward T. Hall, The Hidden Dimension, S. 116 ff.; deutsch: Die Sprache des Raumes, Pädagogischer Verlag Schwann, Düsseldorf 1976 (leider nur mehr antiquarisch erhältlich), S. 121 ff.

Mit diesem Buch begründete Hall die Proxemik, eher bekannt in der englischen Form: proxemics. Dieses Fachgebiet untersucht in den Worten Halls die »Handhabung des Raumes seitens der Menschen als eine besondere Ausprägung von Kultur« (Hall 1976, S. 15). Hall unterschied dabei, auch aus körperlichen Funktionen wie Gesichtsfeld und Reichweite heraus, vier Distanzen, die wie Blasen den Menschen umgeben: die intime Distanz (bis 45 cm), die persönliche Distanz (45 bis 120 cm), die soziale Distanz (120 bis 360 cm) und die öffentliche Distanz (mehr als 360 cm).

»*Ist es moralisch vertretbar, lauthals den Song Rehab von Amy Winehouse mitzusingen, der von dem vergeblichen Versuch handelt, sie in eine Entzugsklinik einzuweisen, wo doch die Sängerin an ihrem exzessiven Alkohol- und Drogenkonsum starb? Oder geht man dadurch zu unbekümmert mit dem Tod eines Menschen um?*«

*Malte F., Köln*

Im Grunde muss es jedem Menschen als freiem autonomem Wesen in weitem Umfang überlassen bleiben, wie er sein Leben führen will, auch wenn er sich schädigt oder Gefahren aussetzt. Insofern sollte man Amy Winehouse' Entscheidung, sich nicht in eine Entzugsklinik zu begeben, respektieren. Ebenso, wie sie sich damit künstlerisch auseinandersetzt. Das Problem dabei ist jedoch, dass Alkoholkranke dem Alkohol nicht mit freiem Willen gegenüberstehen, sondern abhängig sind.

Hätte also Amy Winehouse ein Lied geschrieben, in dem sie, gefangen in ihrer Sucht, hämisch über die Versuche singt, sich einem Entzug zu unterziehen, könnte es tatsächlich makaber und deshalb moralisch bedenklich sein, lauthals mitzusingen, nachdem Amy Winehouse 27-jährig mit 4,16 Promille an Alkoholvergiftung gestorben ist.

Allerdings täte man damit ihr und ihrem Song unrecht, worauf mich ein befreundeter Psychologe, der zugleich DJ ist, hingewiesen hat. Neben höhnisch trotzig klingenden

Stellen wie der Refrainzeile »They tried to make me go to rehab, I said, ›No, no, no‹« gibt es in Rehab auch sehr traurige, verzweifelte Stellen wie »I dont ever wanna drink again / I just, ooh, I just need a friend« – »Ich will nie wieder trinken / ich brauche nur einen Freund« – typische Aspekte der Abhängigkeit. Der Text des Songs berichtet also durchaus bitter von der Problematik des Alkoholismus. Das jedoch steht in starkem Kontrast zur durchgehend fröhlichen Melodie, und dieser Kontrast stellt eine selbstkritische, sarkastische, fast makabre Auseinandersetzung der Künstlerin mit ihrer Krankheit dar.

Den Song einfach so lauthals mitzusingen wäre also tatsächlich bedenklich, auch weil man ihn missversteht und damit der Künstlerin unrecht tut. Macht man sich dabei jedoch die zweite Ebene bewusst, folgt man dem Anliegen der Künstlerin, und das halte ich für legitim und sogar respektvoll.

# Kröten und Mäuse

## Über Wirtschaften und Geld

>>*Ein befreundetes Paar will zusammenziehen. Er besitzt eine Wohnung, die abbezahlt ist. Sie wohnt zur Miete. Beide verdienen gut. Zunächst wollte sie zu ihm ziehen. Er wollte daraufhin eine* >halbe< *Miete von ihr haben. Sie fand das unmöglich und wollte dann lieber zusammen eine neue Wohnung mieten. War es okay von ihm, von ihr Miete zu verlangen?*<< Michael H., Germering

Man kann Ihre Bedenken durchaus verstehen. Miete von der Lebenspartnerin für das gemeinsame Wohnen zu verlangen, hat einen gewissen Beigeschmack. Um Klarheit zu bekommen, sollte man jedoch die Alternativen genauer betrachten.

Gesetzt den Fall, die beiden mieten eine gleich große gemeinsame Wohnung und teilen sich die Miete, bekommt er, wenn er seine nun nicht mehr benötigte Wohnung vermietet, von dort eine ganze Miete, zahlt selbst aber nur eine halbe. Die andere Hälfte zahlt sie, das ist genauso viel, wie sie als halbe Miete in seiner Wohnung zahlen würde. Finanziell gesehen sind diese zwei Varianten für beide also gleich.

Anders bei der dritten Variante: Zieht sie einfach so in seine Wohnung, spart sie sich ihre bisherige Miete. Für ihn ändert sich geldmäßig jedoch nichts. Finanziell gesehen, bedeutet ihr Einzug ohne Miete also eine Verschiebung zu ihren Gunsten.

Natürlich kann er in diesem Fall seine Wohnung, speziell wenn sie abbezahlt ist, gewissermaßen in die Beziehung einbringen. Dafür spräche sogar manches, unter anderem die Tugend der Großzügigkeit, die Idee der Gemeinsamkeit – und nicht zuletzt die Liebe. Nur ändert das nichts daran, dass er diese Wohnung, die ja auch Kapital darstellt, einbringt und seine Freundin mit den Erträgen dieses Kapitals in Form von ersparter Miete unterstützt; auch wenn dabei nicht direkt Geld fließt. Ob die beiden das in ihrer Beziehung wollen, ist deren freie Entscheidung und Geschmackssache.

Wollen sie es nicht, kämen mir außer der etwas unschönen halben Miete zwei Lösungen in den Sinn. Sie könnte als Ausgleich alle Nebenkosten übernehmen – oder sie zahlt die gesparte Miete auf ein Konto für gemeinsame Projekte. Ob als Vorsorge fürs gemeinsame Alter, für Anschaffungen oder für Vergnügen wie etwa Urlaube, ist dann wieder Geschmackssache.

*Leseempfehlungen:*

Zur Tugend der Großzügigkeit:

Aristoteles, Nikomachische Ethik, II. Buch, Kap. 7, 1107b 8 ff. Aristoteles unterscheidet dabei zwischen megaloprepeia, der Großzügigkeit in großen Dingen (auch mit Großgesinntheit übersetzt) und eleutheriothes, der Großzügigkeit in kleinen Dingen (auch mit Freigebigkeit übersetzt).

Gute Übersetzungen der Nikomachischen Ethik gibt es von Olof Gigon bei dtv, München 1991, und Ursula Wolf im Rowohlt Taschenbuch Verlag, Reinbek bei Hamburg 2006.

*»Ich bin Studentin und stets sehr knapp bei Kasse. Nun fand ich eine Brieftasche mit Papieren und 120 Euro Bargeld. Nach kurzer Überlegung schickte ich alles an den Besitzer zurück. Danach sagten einige meiner Freunde, ich sei naiv, es würde doch jeder das Geld behalten. Jetzt fühle ich mich irgendwie dumm. Bin ich wirklich ein ›naiver Gutmensch‹?«*          *Jana T., Berlin*

Nein, Sie sind kein »naiver Gutmensch« und auch nicht dumm, sondern ganz einfach ehrlich. Sie haben richtig gehandelt. Und ich versichere Ihnen, es ist nicht so, dass jeder das Geld behalten würde. Zwar vielleicht so mancher, aber (glücklicherweise) nicht jeder. Das Geld zu behalten, entspräche dem Prinzip Homo homini lupus, der Mensch ist dem Menschen ein Wolf. Diesem bekannten Zitat des englischen Philosophen Thomas Hobbes zufolge verhält sich angeblich, wenn der Staat nicht ordnend eingreift, jeder Mensch seinen Mitmenschen gegenüber raubend wie ein Wolf. Das aber ist eine Gesellschaft, eine Art des Zusammenlebens, die man nicht möchte. Zumindest möchte ich sie nicht und ich vermute, Sie auch nicht.

Man könnte auch mit der goldenen Regel argumentieren, dass Sie sich auch gefreut hätten, Ihre Brieftasche mit Geld zurückzuerhalten. Aber ich glaube, es geht um mehr, eben in die Richtung, wie man möchte, dass das Zusammenleben insgesamt aussehen soll. Ich halte das für eine Voraussetzung auch des eigenen guten Lebens:

selbst so zu handeln, wie man möchte, dass die Gesellschaft aussehen soll. Nur dann lebt man ohne innere Widersprüche und auf Dauer besser.

Zudem kann man davon ausgehen – oder zumindest hoffen –, dass ein Verhalten wie das Ihre abfärbt. Ich bin der festen Überzeugung, dass derjenige, der die Brieftasche zurückerhalten hat, und andere, die davon hören, das nächste Mal ebenfalls dazu neigen, sich richtig zu verhalten. Fühlen Sie sich also bitte nicht dumm, sondern gut. Nicht im Sinne eines besonders guten Menschen oder Wohltäters, sondern in dem Sinne, ganz einfach das einzig Richtige getan zu haben. Und vielleicht wäre das in Ihrem eigenen Interesse auch ein guter Anlass, die Zusammensetzung Ihres Freundeskreises einer kritischen Überprüfung zu unterziehen.

*Quellen:*

Das Zitat »Homo homini lupus« hat Thomas Hobbes in der Widmung seines Werkes De Cive formuliert. Es geht zurück auf Plautus, Asinaria 495. Dort heißt es: Lupus est homo homini, non homo, quom qualis sit non novit.

»Mein Sohn studiert Wirtschaft und interessiert sich für das Treiben an der Börse. Neulich erzählte er mir von einer interessanten Neuemission und riet mir, diese zu zeichnen, was ich dann auch tat. Bei der Zuteilung ging er allerdings leer aus, während ich mich über ein paar Stücke freuen konnte. Die Aktien habe ich inzwischen mit einem Gewinn von 400 Euro verkaufen können. Nun stehe ich vor der Frage, ob ich als gut situierter Vater meinem Sohn, der jeden Monat trotz meiner Unterstützung nur knapp über die Runden kommt, vom Gewinn abgeben soll. Ohne ihn hätte ich das Papier niemals gezeichnet.«* Dietrich W., München

Ein wenig muss man bei der Konstellation an Oliver Stones Film Wall Street denken. Nur fließt die Information auf der Leinwand in umgekehrter Richtung: vom Vater, gespielt von Martin Sheen, zum Sohn und dann als illegales Insiderwissen weiter zum Börsenhai Gordon Gekko, dargestellt von Michael Douglas. Demgegenüber ging beim Tipp Ihres Sohnes hoffentlich alles mit rechten Dingen zu.

Dennoch, der Film thematisiert Gier und Gnadenlosigkeit in der Wirtschaft. Auf dieser Ebene ließe sich behaupten, dass Ihr Sohn – kostenlos – eine perfekte Lektion für sein Studium erhält, wenn er erleben kann, wie selbst beim Kleinanleger am Rand der Börse jeder seinen Profit maximiert und die anderen in die Röhre schauen.

Dieses Erlebnis wird ihn hart machen und seine Karriere-chancen erhöhen. Das damit verbundene höhere Einkommen könnte später die 400 Euro als Peanuts erscheinen lassen.

Doch im Gegensatz zu Stones Filmkunst sind derartige Plattheiten wirklich kein Meisterwerk der Argumentationskunst, weshalb man nach einer analytischen Lösung suchen muss: Der Geldstrom entsprang aus zwei Quellen, der Information und Ihrem angelegten Kapital. In gewissem Sinne haben Sie und Ihr Sohn also beide je einen Anteil in ein Geschäft eingebracht. Da wirkt es schon irgendwie befremdlich, wenn der Gewinn nur beim Kapital bleibt; obwohl sich dann die Frage stellt, wie es im Falle eines Verlusts ausgesehen hätte.

Hierzu ließe sich viel entgegnen und lange streiten, aber kaum innerhalb einer Familie: Ein gemeinsamer Erfolg, bei dem ein Familienmitglied durch Zufall besser wegkommt als ein anderes – da scheint mir das Teilen der Freude wie der Früchte nahezu selbstverständlich.

*Quellen:*

Wall Street, USA 1987, Regie: Oliver Stone, mit Charlie Sheen, Michael Douglas, Daryl Hannah und Martin Sheen

*»Für das Finale der Handball-WM habe ich vor etlichen Jahren Karten zum zehnfachen Preis ersteigert. Der Verkäufer war wohl kein Schwarzmarkt-Profi; er verkaufte die Karten spontan nach dem Finaleinzug der deutschen Mannschaft. Nun denke ich anlässlich der Fußball-EM darüber nach, ob der Verkäufer in solchen Fällen moralisch verwerflich handelt. Mein Vater meint, ja; ich aber fühlte mich damals keineswegs ausgenutzt, das Dabeisein war mir den Preis wert. In meinen Augen profitierte der Verkäufer lediglich von den Gesetzen der Marktwirtschaft. Was meinen Sie?«* Sebastian W., München

Zunächst unterscheiden sich die beiden Fälle in einem wichtigen Punkt. Anders als es bei der Handball-WM der Fall war, ist der Kartenweiterverkauf bei der Fußball-EM laut den Bedingungen des Veranstalters untersagt. Allerdings stellt dies zunächst nur die, zudem umstrittene, rechtliche Seite dar. Wir tun also gut daran, die Frage losgelöst davon in ethischer Hinsicht zu betrachten.

Bei der von Ihnen beschriebenen Versteigerung kommt es zu einem freien Spiel der (Markt-)Kräfte. Die Karten erhält, wer am meisten zahlen kann oder will. Das kann man positiv sehen, denn der Markt ist nicht nur ein freier und demokratischer Ort – jeder kann teilnehmen –, sondern er führt, worauf viele Wirtschaftsethiker hinweisen, auch zu »Tauschgerechtigkeit«: Der letztlich erzielte Preis findet die Zustimmung beider Partner. So auch hier, Ihnen war das »Dabeisein« den hohen Betrag wert.

Diese Marktwirtschaft beinhaltet jedoch die Gefahr, unsozial zu werden. Sie benötigt moralische Grenzen, weil sonst der Schwache zu wenig geschützt wird. Dies könnte hier der Fall sein, weil es nur eine begrenzte Zahl von Karten gibt und derjenige, der welche hat, sich somit in einer stärkeren Position befindet. Allerdings handelt es sich bei Finalkarten trotz aller Fußballbegeisterung um kein essentielles Gut, und Sie selbst schließen aus, ausgenutzt zu werden.

Der Markt könnte hier also tatsächlich zu einem befriedigenden Ergebnis führen, würde man dabei nicht eines übersehen: die Schwäche der anderen Marktteilnehmer. Auch wenn die Karten nicht lebensnotwendig sind, es gibt zu wenige, und wenn knappe Güter einzig nach Geld verteilt werden, kommt es zu einer systematischen Benachteiligung der finanziell Schwächeren, am Ende zu deren Ausschluss. Das ist immer schlecht, gerade auch beim Sport, bei dem ja oft die gesellschaftlich einigende Funktion betont wird.

*»Kürzlich bin ich einer Frau hinterhergerannt, der 30 Euro aus der Jacke gefallen waren. Sie machte nicht den Eindruck, als würde sie der Verlust weiter schmerzen, womöglich hätte sie ihn gar nicht bemerkt. Wäre es vertretbar gewesen, das Geld einem Bedürftigen zu geben, der es nötiger hat als diese Frau, die es nicht einmal sorgfältig einsteckt?«* Tobias K., Emden

In den *Maximen und Reflexionen* des französischen Moralisten François de La Rochefoucauld findet sich der Satz: »Wir alle haben genug Kraft, die Leiden anderer zu ertragen.« Ich halte ihn zwar für falsch – es gibt tatsächlich unerträgliches Leid –, aber dennoch für klug. Die Klugheit und die »Moral« der Moralisten besteht darin, ein übliches Verhalten – Moral kommt vom lateinischen mos / mores für Sitten und Gebräuche, also das Übliche – pointiert dar- und damit bloßzustellen. In diesem Fall die unterschiedliche Bewertung von Situationen, je nachdem, ob man persönlich betroffen ist oder nicht. Und vor allem die unterschiedlichen Schlüsse, die man daraus zieht. Diesen Gegensatz könnte man auch mit anderen Formulierungen aufspießen, zum Beispiel: »Wir alle haben genug Mitgefühl, um der Meinung zu sein, dass andere helfen sollen.« Oder: »Wir alle haben genug Überzeugung, um Konsequenzen für andere zu fordern.«

Und wenn man es so formuliert, sind wir bei Ihnen. Sie haben Mitgefühl mit Bedürftigen und wollen, dass denen geholfen wird. Dagegen ist nichts einzuwenden, im Gegenteil. Aber anscheinend wollen Sie es nicht selbst machen, sondern das soll besser die Dame tun – sei es auch unfreiwillig. Und Sie finden, wer nicht besser auf sein Geld aufpasst, schätzt dessen Wert nicht genug, soll deshalb die Konsequenzen tragen, es also nicht mehr zurückbekommen. Wären Sie bei sich selbst auch so konsequent? Auch an Stellen, an denen Sie Schwächen haben, die vielleicht ganz woanders liegen? Oder hier konkret: Würden Sie das Geld auch dann Bedürftigen geben wollen, wenn Sie es verloren hätten und die Dame hätte es Ihnen zurückgegeben?

Und selbst wenn Sie das mit »Ja« beantworten: Wir alle sollten weniger Kraft dafür aufwenden, andere zu erziehen.

*Literatur:*

La Rochefoucauld, Maximen und Reflexionen, übertragen und mit Nachwort von Konrad Nußbächer, Reclam Verlag, Stuttgart 1965; der zitierte Satz trägt die laufende Nummer 19.

Hans Peter Balmer, Moralistische Ethik, in: Annemarie Pieper (Hrsg.), Geschichte der neueren Ethik. Bd. 1. UTB, Stuttgart, 2. Aufl. 2006, S. 1–25

*»Unlängst bekam ich unmittelbar vor einem Konzert von einem Unbekannten zwei Karten geschenkt – er und seine Freundin seien kurzfristig verhindert, erklärte er. Eine Karte habe ich behalten, die andere konnte ich noch verkaufen, zum Vorverkaufspreis. Das fanden meine Freunde unanständig – obwohl niemand geschädigt wurde. Ist man verpflichtet, ein Geschenk, das man selbst nicht verwenden kann, weiterzuschenken?«* Tobias Z., Stuttgart

Ein Beschenkter kann, so meine Überzeugung, mit seinem Geschenk machen, was er will. Wer dem widerspricht, negiert das Grundprinzip einer Schenkung: die Leistung ohne Gegenleistung – abgesehen vielleicht von Dank. Sobald man den Empfang eines Geschenks mit einer Pflicht verknüpft, ist es kein echtes Geschenk mehr, sondern eine Verpflichtung, die, im Trojanischen Pferd des Geschenks versteckt, dem Beschenkten untergejubelt wird. Klassiker sind das hässliche Bild, das man nicht aufhängen, die Pralinen, die man nicht essen, und das Buch, das man nicht lesen muss.

Gilt das auch hier? Stellen Sie sich vor, jemand bekommt die beiden Karten geschenkt, geht um die Ecke und zerreißt sie, weil er gar nicht ins Konzert will. Das fände man wohl falsch. Während beim klassischen Geschenk die Freude des Beschenkten im Vordergrund steht und das Geschenk dem nur dienen soll – deshalb kann man frei darüber verfügen –, steht hier eher die Karte im

Vordergrund, die nicht verfallen soll. Die Freude beim Beschenkten mag angenehmer Nebeneffekt sein, ist jedoch nicht essentiell: Vielleicht hat der großzügige Spender schlicht keine Lust, sich um einen Verkauf zu kümmern. Es geht primär um den Erhalt des Genusses, der mit den Karten verbunden ist. Allerdings verfallen die Karten auch nicht, wenn man sie weiterverkauft, deshalb spricht auch diese Überlegung nicht wirklich dagegen.

Dennoch bleibt ein ungutes Gefühl. Warum? Sie hatten Glück: Ein Fremder hat Ihnen etwas geschenkt, Sie kommen umsonst ins Konzert. Das kann man ruhig annehmen, warum sollte man nicht genießen, was einem der Zufall des Lebens zuspielt. Nur setzen Sie noch etwas obendrauf: Wenn Sie die zweite Karte verkaufen, wollen Sie nicht nur umsonst ins Konzert, sondern zusätzlich auch noch dabei verdienen. Das hat etwas Maßloses. Noch mehr rebelliert das allgemeine Gerechtigkeitsgefühl, das sich oft an der Symmetrie orientiert: Sie profitieren von Großzügigkeit, wollen sie selbst aber nicht praktizieren. Im Grunde ist das ein Verstoß gegen die goldene Regel: Behandle andere so, wie du von ihnen behandelt werden willst. Von den Karten und dem Prinzip des Schenkens her betrachtet ist das Weiterverkaufen also in Ordnung, von Ihnen her betrachtet, dem Beschenkten, aber nicht.

*»Vor kurzem stand eine Bettlerin vor mir an der Kasse. Sie kramte für zwei trockene Semmeln einige Centstücke aus der Tasche, es reichte aber nicht. Die Frau tat mir leid, ich gab ihr die fehlenden 20 Cent. Später sagte die Kassiererin, die Bettlerin mache das immer so, und wenn niemand für sie bezahle, habe sie doch noch fünf Euro dabei. Ich ärgerte mich. Zu Recht?«*     Anna G., München

Man kann sowohl Ihren Ärger als auch Ihre Vorbehalte verstehen. Die Dame täuscht zwar nicht explizit oder lügt Sie an, indem sie sagt: »Ich habe nicht genug Geld, um die Semmeln zu bezahlen, können Sie mir bitte aushelfen!«, aber sie täuscht implizit, weil sie die Situation so gestaltet, dass dieser Eindruck entsteht. Sie manipuliert, und das ist zum einen ärgerlich, zum anderen nicht richtig.

Dennoch bin ich der Meinung, dass Sie es nicht übel nehmen sollten oder, besser noch, Verständnis aufbringen. Die Dame lebt, auch wenn sie fünf Euro in der Tasche hat, vermutlich am Rande der Gesellschaft. Das Leben dort ist nicht angenehm und nicht einfach. In finanzieller Hinsicht, aber auch in Hinsicht auf den Platz am Rande der Gesellschaft, dem teilweise oder ganz Nicht-Dazugehören. Man erkennt es vielleicht an dem Betrag, um den es geht: 20 Cent. Für Sie vermutlich eine Kleinigkeit, kaum der Rede wert, für die Dame anscheinend nicht nur der Rede, sondern sogar den Aufwand eines kleinen Schauspiels wert.

Abgesehen von diesem Unterschied in der Bedeutung der Beträge geht es aber auch um so etwas wie die Herrschaft über das eigene Leben. Und damit um die Würde. Sie schreiben, die Dame ist Bettlerin, das heißt, sie ist dem Wohlwollen und der Willkür derer ausgesetzt, die ihr etwas geben. In diesem kleinen Schauspiel aber führt sie Regie. Es mag nur um 20 Cent gehen, dennoch ist es ein Aspekt ihres Lebens, den sie selbst bestimmt.

Mich stört jede Manipulation, auch diese, aber wenn man sich die Hintergründe bewusst macht, scheint es mir möglich, hier einen anderen Blickwinkel einzunehmen. Man könnte versuchen, die Situation umzudeuten von einer Täuschungs- und Manipulationsaktion in so etwas wie einen psychologisch kunstvollen Anstoß zu einer kleinen Gabe. Und die ist mit 20 Cent wirklich nicht groß.

*Leseempfehlungen:*

Die Frage, inwieweit unbewusstes Einwirken auf das Verhalten ethisch zulässig ist oder nicht, wird vor allem für das sogenannte »Nudging« diskutiert. Der Begriff kommt vom englischen »nudge« für Stups oder Schub. Darunter versteht man eine Verhaltenslenkung ohne Gebote oder Verbote oder finanzielle Anreize durch Maßnahmen, die Menschen zum Teil unbewusst bestimmte Handlungen bevorzugt ausführen lassen. Darunter fällt zum Beispiel die Positionierung von bestimmten Waren in Augenhöhe, zu denen Kunden dann öfter greifen. Umstritten ist jedoch besonders, ob die Politik zu diesem Mittel greifen darf, um Bürger zu einem bestimmten, erwünschten Verhalten zu bewegen.

Richard H. Thaler, Cass R. Sunstein, Nudge: Wie man kluge Entscheidungen anstößt, Ullstein Taschenbuch, Berlin 2010

Luc Bovens, The Ethics of Nudge, in: Till Grüne-Yanoff und S. O. Hansson (Hrsg.), Preference Change: Approaches from Philosophy, Economics and Psychology, Theory and Decision Library A, Kap. 10, Springer, Berlin und New York 2008

Sunstein, Cass R., The Ethics of Nudging (20. November, 2014). Abrufbar unter SSRN: http://papers.ssrn.com/sol3/papers.cfm?abstract_id=2526341

*»Von Zeit zu Zeit bekommt man Briefe, deren Marken nicht entwertet worden sind. In einem kleinen Kreis ist nun eine Diskussion darüber entstanden, ob man solche Marken ablösen und wiederverwenden darf oder ob ein solches Verhalten moralisch bedenklich ist. Die Meinung in der Gruppe war geteilt. Mich würde daher Ihre Ansicht dazu interessieren.«* Wolfgang S., Gauting

Gegenfrage: Sie gehen in eine Kneipe, stellen sich an die Bar und bestellen ein Bier. Auf dem Tresen liegt das Geld, das der Gast vor Ihnen für sein Bier dort gelassen hat. Weil der Barkeeper viel zu tun hat, hatte er übersehen, es einzustecken. Dürfen Sie das Geld nun nehmen und davon Ihr Bier bezahlen, oder wäre das verwerflich?

Diskutieren Sie das doch einmal in Ihrem kleinen Kreis. Vermutlich – oder hoffentlich – wird die Meinung darüber nicht so geteilt sein, vielmehr dürften die moralischen Bedenken überwiegen. Liegen die Fälle so unterschiedlich? Meiner Meinung nach nicht. In beiden Fällen hat jemand etwas bekommen, hat dafür bezahlt, und durch ein Versehen ist eine Situation entstanden, in der jemand mit derselben Bezahlung die gleiche Leistung ein zweites Mal bekommen kann. Und auch die Frage ist gleich: Ist es richtig, diese Situation zum eigenen Vorteil auszunutzen?

Wenn die beiden Fälle oft unterschiedlich bewertet werden, liegt das daran, dass sich unser moralisches Gefühl mit abstrakten Fällen schwer tut. Ein Getränk und Münzen auf dem Tresen sind Gegenstände, und die, ebenso wie das Wegnehmen, gab es schon in der Zeit, in der sich das Gefühl für Gut und Böse im Laufe der Evolution entwickelt hat. Nicht aber den Transport von Briefen sowie dessen Bezahlung durch das Aufkleben und die Entwertung von Briefmarken. Der Unrechtsgehalt ist in beiden Fällen vergleichbar, nur kam das Prinzip Vorher-danachher-weg = böse im Leben unserer Vorvorfahren häufiger vor als illegitime Transporterschleichung durch wiederverwendete, nicht abgestempelte Briefmarken. Deshalb fühlt sich das eine eher falsch an als das andere. Jedoch haben wir zum Glück neben dem Gefühl auch die moralische Urteilskraft. Und die sagt: Briefmarken zweimal verwenden = falsch.

*Quellen:*

Joshua Green, Moral Tribes. Emotion, Reason and the Gap Between Us and Them, Penguin Books, New York 2013

Eine faszinierende Beschreibung der sozialen Evolution des Menschen liefert E. O. Wilson in seinem sehr lesenswerten Buch *Die soziale Eroberung der Erde*, erschienen im Verlag C. H. Beck, München 2013 (als Taschenbuch 2014). Für das Thema hier ist speziell interessant das Kapitel 24, Der Ursprung von Moral und Ehrbegriff, S. 289–305.

# Hin und Her

## Über Verkehr

*»Auf einer achtstündigen Fahrt im Fernbus saß hinter mir ein Herr, der mit offenem Mund Kaugummi kaute und so ein andauerndes Schmatzgeräusch von sich gab. Nach einer Stunde bat ich ihn, seinen Kaugummi mit geschlossenem Mund zu kauen, da ich das Geräusch als sehr unangenehm empfand. Er tat es mit finsterem Blick. War meine Bitte gerechtfertigt?«*  Natalie R., München

Kauen ist ein natürlicher körperlicher Akt und wie man kaut im Grunde jedermanns eigene Sache. Noch dazu rangieren Kaugeräusche gemessen an ihrer Lautstärke auf der Skala der störenden Geräusche nicht besonders weit oben. Man muss aushalten, dass es andere Menschen um einen herum gibt, dass sie lebendig sind und deshalb auch bemerkbar, dass sie ihre Eigenheiten haben, auch solche, die anders sind, als man sie sich vielleicht wünscht. Wer das nicht erträgt, muss als Einsiedler leben.

Das leitet über zum zweiten Aspekt: der räumlichen Nähe. Wer als Einsiedler lebt, weil er andere nicht erträgt, tut das nicht, weil es dann keine anderen Menschen gibt, sondern weil er weniger von ihnen mitbekommt. Die Auswirkungen auf andere Menschen nehmen mit zunehmender Entfernung ab. Umgekehrt bedeutet das aber, dass mit abnehmender Entfernung voneinander die gegenseitigen Einwirkungen zunehmen. Bei besonders großer Nähe können schon Kleinigkeiten schwer auszuhalten sein.

Die Frage, was man einerseits tun und was man sich andererseits verbitten darf, der Ausgleich zwischen der berechtigten Handlungsfreiheit und dem Anspruch, unbehelligt zu bleiben, hängt also – neben der Dauer der Einwirkung – von zwei Größen ab: der Intensität der störenden Handlung und dem Abstand.

Eine stundenlange Fahrt in einem Fernbus ist ein Extremfall von erzwungener Nähe, deshalb ist die Bandbreite der zulässigen individuellen Entfaltung dort eher gering anzusetzen. Mit anderen Worten: Man muss sich zurücknehmen, auch Dinge unterlassen, die man sonst tun dürfte, und sein Handeln so gestalten, dass andere möglichst wenig beeinträchtigt werden. Kaugeräusche lassen sich durch Schließen des Mundes einfach und deutlich verringern, man darf das deshalb auch einfordern.

*Literatur:*

Zur Rücksicht als einen der Grundpfeiler einer zeitgemäßen Moral siehe das Kapitel »Von Bahnfahrern, Spaziergängern und Vorausschau: Über Rücksicht«, in: Rainer Erlinger, Moral. Wie man richtig gut lebt, S. Fischer Verlag, Frankfurt am Main 2011, Taschenbuchausgabe 2012, S. 290–299.

*»Beim Rhein-Main-Verkehrsverbund kann man bei Ver-*
*spätungen ab zehn Minuten anteilig die Fahrtkosten er-*
*stattet bekommen. Nun habe ich gestern einen früheren*
*Zug als geplant erreicht, weil der schon bei der Abfahrt*
*massiv Verspätung hatte. Deshalb war ich trotz der Ver-*
*spätung früher zu Hause. Darf ich trotzdem die Zehn-*
*Minuten-Garantie in Anspruch nehmen?«*

*Konrad N., Frankfurt am Main*

Ihre Frage könnte man technisch angehen. Die Erstattung
ist an präzise Vorgaben gebunden, man kann sie also als
technische, nicht inhaltliche Regelung ansehen. Die
Grenze liegt bei genau zehn Minuten, bis dahin bekommt
man nichts, gleich ob es nun besonders ärgerlich war oder
nicht. Und bei der Feststellung, ob es nun neun, zehn oder
elf Minuten sind, geht es auch nur um die Verspätung des
Zuges und nicht um die Frage, wann der Fahrgast an seinem Ziel ankommt. Insofern ließe sich argumentieren,
dass Sie zu Recht die Garantie in Anspruch nehmen,
wenn die technischen Voraussetzungen erfüllt sind.

Dennoch fände ich es nicht gut, wenn Sie sich das
Geld erstatten lassen. Zunächst, weil Sie keinen zeitli-
chen Schaden hatten, sondern umgekehrt einen Gewinn,
ein Ausgleich also trotz Vorliegen der Voraussetzungen
widersinnig wäre. Mehr noch aber geht es um die Haltung, die dahinter steht. Es ist die Haltung dessen, der
im Schlaraffenland, wenn ihm eine gebratene Taube in

den Mund fliegt, sich beim Kauen nicht über den guten Geschmack freut, sondern darüber nachdenkt, ob er jemanden verklagen kann, weil sich fliegendes Getier in der Luft befand.

Ich glaube, es verändert auch die Einstellung zum Leben und damit das Leben selbst. Es verschiebt den Blickwinkel hin zum Negativen. Und obwohl es oberflächlich anders aussehen mag, weil, wer so handelt, ja aktiv und die eigenen Interessen verfolgend sich etwas holt, gewinnt derjenige keine Autonomie, sondern verliert sie vielmehr. Denn er richtet den Fokus vom eigenen Leben weg auf mögliche Ansprüche gegenüber anderen: ob er welche hat oder nicht, ob er etwas bekommt oder nicht. Das Leben selbst gerät darüber ins Hintertreffen. Und irgendwann ist ihm, als ob es tausend Ansprüche gäbe – und hinter tausend Ansprüchen keine Welt.

*Quelle:*

Die Bedingungen der 10-Minuten-Garantie des RMV kann man online nachlesen unter:
https://www.rmv.de/de/Service/Garantien_und_Fahrgastrechte/RMV-10-Minuten-Garantie/

»Ich muss beruflich sehr viel fliegen. Trotzdem versuche ich, ein umweltbewusster Mensch zu sein, zum Beispiel indem ich zu Hause recycle, was möglich ist. Unterwegs ist das schwierig, die Zeitung, die ich in Shanghai oder Los Angeles lese, wird dort eher nicht korrekt wiederverwertet. Daher fliege ich oft mit größeren Mengen Altpapier im Gepäck zurück, um es zu Hause in den Altpapiercontainer zu werfen. Allerdings verbraucht unser Flugzeug durch das höhere Gewicht mehr Kerosin. Mache ich es also falsch?«* Franc T., Berlin*

Was für eine absurde Idee, dachte ich im ersten Moment. Aber ich nehme meine Leser und meine Arbeit ja ernst, also forschte ich nach – und muss mich entschuldigen: Gar so abwegig ist die Idee nicht. Meinen Recherchen zufolge kann man aus 1 kg Altpapier 180 Blatt Recyclingpapier DIN A4 herstellen. Dadurch spart man 2,7 kg Holz, 28,5 l Wasser 5,8 kWh Energie und 0,2 kg $CO_2$-Emission. Auf der anderen Seite nannten mir Fluggesellschaften als Mehrverbrauch auf den von Ihnen genannten Flügen pro Kilo transportiertem Altpapier je nach Flugzeugtyp etwa 0,35 bis 0,5 kg Kerosin, das entspricht ca. 4,5 bis 6,5 kWh oder 1 bis 1,5 kg $CO_2$. Das spräche eher gegen den Transport. Es bleiben jedoch große Unsicherheiten, unter anderem weil die Einsparung an Wasser und Holz beträchtlich ist – 2,7 kg Holz haben immerhin über 10 kWh Brennwert – und andererseits Abgase in großen Höhen stärker klimaschädlich wirken. Fazit: Für eine wirklich verlässliche Antwort, was nun besser sei, so die Aussage der befragten Experten, müsste man eine ziemlich aufwendige, wissenschaftlich fundierte Ökobilanz in Auftrag geben.

Eigentlich wird es erst hier wirklich interessant für die Moral: Wie geht man damit um, dass man nicht alle Fakten für alle Lebensbereiche recherchieren kann und in vielen Fällen schlicht nicht weiß oder gar wissen kann, welches Verhalten besser ist? Vielleicht handeln Sie objektiv falsch – aber vorwerfbar im moralischen Sinn ist das nur dann, wenn man anders, besser handeln kann. Und das wiederum setzt voraus, dass man weiß, was besser ist. Allerdings darf man sich dabei nicht auf Nichtwissen ausruhen, sondern muss sich als aufgeklärter Mensch informieren: Sapere aude! – habe Mut, dich deines eigenen Verstandes zu bedienen. Auch wenn es mühsam ist.

Was sollen Sie nun konkret tun? Da auch intensive Nachforschungen keine klare Antwort erbrachten, können Sie sich theoretisch so verhalten, wie Sie es wollen. Allerdings sprechen mehr Anhaltspunkte gegen den Papiertourismus, und bei einer Wahrscheinlichkeitsabwägung gibt das den Ausschlag. Aber als Nebeneffekt hat Ihre Frage ziemlich deutlich illustriert, wie viel Umweltschutzpotential im Papierrecycling steckt. Und das halte ich – zumindest für zu Hause – vielleicht sogar für das wichtigste Ergebnis.

*Literatur:*

Ökologischer Vergleich von Büropapieren in Abhängigkeit vom Faserrohstoff im Auftrag der »Initiative Pro Recyclingpapier«, IFEU Institut für Energie- und Umweltforschung Heidelberg GmbH August 2006. http://papiernetz.de/docs/IFEU-Studie_Langfassung.002.pdf

*»Jeden Morgen werde ich im Zug Zeuge folgender Szene:
Eine Gruppe von fünf Berufspendlern steigt in Freiburg
am Zugende ein, wo es mehr freie Plätze gibt. Kurz vor
ihrem Ziel stehen alle fünf auf und laufen in einer Kolon-
ne durch den halben Zug bis zur Zugmitte, um möglichst
nah am Bahnhofsausgang aussteigen zu können. Das
ist sicherlich ökonomisch gedacht – aufs Jahr gesehen
summiert sich die Zeitersparnis von wohl 30 Sekunden
täglich auf etwa zwei Stunden. Und es ist auch nicht
schlimm, wenn jemand während der Fahrt durch ein Abteil läuft. Aber wenn es alle täten, wäre der Störfaktor
enorm. Was ist also hiervon zu halten?«*

Frank-Walter M., Stuttgart

Wer öfter Bahn fährt, kennt sie, die Reisenden, die, oft
mit größerem Gepäck, vor Haltepunkten durch den Zug
wandern, bei Kopfbahnhöfen gern auch bis ganz nach
vorn, nur um draußen am Bahnsteig ein paar Sekunden
schneller zu sein. Menschen, die ihr Leben derart opti-
mieren, sind mir – vorsichtig ausgedrückt – suspekt. Das
hat etwas von Schnäppchenmentalität bei der Gestaltung
des eigenen Lebens an sich. Und es schimmert eine Art
Gier durch. In diesem Fall nicht nach Geld oder Dingen,
sondern nach dem größtmöglichen eigenen Vorteil.

Nun sind meine persönlichen Abneigungen ein schwa-
ches Argument, und es scheint schwierig, eine harte Begründung zu finden. Rechtlich ist gegen das »Vorgehen«

im wörtlichen Sinne ohnehin nichts einzuwenden. Und da niemand wirklich nachhaltig beeinträchtigt wird, verbietet es auch die Moral nicht im strengen Sinne. Ja, nicht einmal Höflichkeit oder Manieren helfen hier weiter: Solange man dabei niemanden anrempelt, ist es weder unhöflich, durch einen Zug zu laufen, noch untersagen es Benimmratgeber. Zudem bezweifle ich, dass es besser wäre, würden die fünf Herrschaften Tag für Tag vor jedem Fahrgast, an dem sie vorbeikommen, jeweils formvollendet den Hut ziehen und einen schönen guten Morgen wünschen.

Deshalb möchte ich an dieser Stelle etwas ins Spiel bringen, was mir sehr am Herzen liegt: das Prinzip der Rücksicht. Das Zusammenleben wird einfacher, wenn man nicht immer bis an die Grenzen dessen geht, was man berechtigt ist zu tun. Jeder kann sich, bildlich gesprochen, immer so weit ausbreiten, wie er oder sie darf – dazu gehört auch, den optimalen Zugausgang zu wählen. Dann muss man aber jedes Mal, wenn man, wie in Ihrem Fall, auf einen anderen trifft, klären, wie weit man sich zu Recht ausgebreitet hat und wer gegebenenfalls zurückstecken muss. Das ist möglich – aber anstrengend und konfliktträchtig. Und man kann es in einem Großteil der Fälle vermeiden, indem man sich nur ein bisschen zurücknimmt, also generell die Grenzen dessen, was man tun darf, nicht vollständig ausschöpft. Die Einschränkung ist minimal, der Gewinn an Lebensqualität für alle Beteiligten im Vergleich dazu riesengroß. Auf jeden Fall größer als die paar Sekunden, für die sich jemand an vielen anderen vorbei durch enge Zuggänge quetschen muss.

»Ich habe als Radfahrer immer wieder ein Trambahn-problem: Wenn ich auf einer radweglosen Straße mit Trambahnschienen unterwegs bin und wegen parkender Autos am rechten Fahrbahnrand zwischen den Schienen fahre, muss die Tram hinter mir herzuckeln. Einige Tramfahrer klingeln mich dann heftig an, aber laut Straßenverkehrsordnung muss ich als gleichberechtigter Verkehrsteilnehmer nicht ausweichen. Allerdings kämen wesentlich mehr Menschen schneller an ihr Ziel, wenn ich es täte. Sollte ich?« Markus T., München*

In seinem Sketch *Der Zufall* erzählt Karl Valentin, dass er mit einem Bekannten in der Kaufingerstraße über einen Radfahrer gesprochen habe und just in diesem Moment sei ein Radfahrer vorbeigefahren. Er hält das für einen Zufall, Liesl Karlstadt widerspricht jedoch und meint, in der damals noch sehr verkehrsreichen Kaufingerstraße sei das doch kein Zufall, weil laufend Tausende Radfahrer vorbeiführen. Ein Zufall sei vielmehr, wenn man von einem Ozeanflieger spreche und in dem Moment komme einer geflogen, was Valentin vehement zurückweist, weil er nun einmal von einem Radfahrer und nicht von einem Ozeanflieger gesprochen habe.

Apropos Zufall: Zufällig wohne ich in einer Straße, in der es genau die Situation gibt, die Sie in Ihrer Frage beschreiben. Jedoch ist auch das genau genommen gar kein Zufall, weil ich diese Straße mag und deshalb dort eine

Wohnung gesucht habe. In der Philosophie nennt man derartige Konstellationen Kontingenz: etwas, was möglich, aber nicht notwendig ist.

Normalerweise sind Kontingenzen und Zufälle bei moralphilosophischen Begründungen eher problematisch, schließlich soll die Antwort nicht davon abhängen, ob gerade ein Ozeanflieger vorbeikommt oder wo ich wohne. Doch hier scheinen sie von Vorteil zu sein, denn weil ich eben »zufällig« in einer Straße mit genau der Situation wohne, kenne ich beide Blickwinkel: den des Fahrgastes in einer Straßenbahn, die langsam hinter einem Radfahrer herschleicht, und den des Radfahrers, dem die Straßenbahn von hinten auf die Pelle rückt. Und man weiß im Sinne Karl Valentins, dass wegen der Häufigkeit der Radfahrer fast jede Straßenbahn auf Schleichfahrt gehen muss, während man als Radfahrer je nach Fahrplan nur alle zehn oder zwanzig Minuten von einer Tram verfolgt wird.

Und wenn ich schließlich die Einschränkung, die es bedeutet, mit dem Rad kurz an den Rand zu fahren und die Tram vorbeizulassen, mit dem Gewinn für die Fahrgäste vergleiche, scheint es mir aus Gründen der Rücksicht schwierig, sich stets auf sein zweifelsfrei bestehendes Recht als Verkehrsteilnehmer zu berufen und ungeniert weiterzufahren. Was aber nicht bedeutet, dass man immer und ausnahmslos zur Seite muss, denn auch die Interessen des Radfahrers verdienen es, berücksichtigt zu werden.

*Literatur:*

W. Brugger, W. Hoering, Kontingenz, in: J. Ritter, K. Gründer (Hrsg.), Historisches Wörterbuch der Philosophie, Bd. 4, Schwabe Verlag, Basel 1976, Sp. 1027–1038

*»Ich pendle jeden Tag zwei Stunden mit Zug und S-Bahn an die Arbeit. Dabei treffe ich häufig Bekannte oder Kollegen – habe aber oft keine Lust, mich mit ihnen zu unterhalten, sondern möchte lieber lesen oder schlafen. Darf ich ihnen aus dem Weg gehen? Und wenn es dafür zu spät ist, weil sie mir bereits im Zug gegenübersitzen: Ist es unhöflicher von mir zu lesen oder von den anderen, mir eine Unterhaltung aufzudrängen, obwohl ich deutlich sichtbar eine Zeitung oder ein Buch auf dem Schoß habe?«*                                     *Alexander K., Essen*

Glücklicherweise denken und handeln nicht alle Menschen so wie Sie. Die Welt wäre ein deutlich weniger schöner Ort. Zum Beispiel für Felix Krull, Thomas Manns berühmten Hochstapler: Der verhielt sich auf seiner Bahnfahrt nach Lissabon – der Zug hatte Paris um sechs Uhr verlassen – nicht wie Sie, sondern reagierte auf den auffordernden Blick der Sternenaugen seines Gegenübers Professor Kuckuck im Speisewagen mit einem Gruß. Glücklicherweise. Sonst wäre ihm, wie Thomas Mann ihn formulieren ließ, Kuckucks packende, Krulls Innerstes unsagbar ansprechende Tischunterhaltung entgangen. Eine Unterhaltung, in der ihm der Gelehrte die Idee der drei Urzeugungen erläuterte: »Das Entspringen des Seins aus dem Nichts, die Erweckung des Lebens aus dem Sein und die Geburt des Menschen.« Und auch uns wäre viel entgangen, gäbe es diesen Dialog nicht.

Allerdings ist die Geschichte, so meisterhaft sie auch erzählt sein mag, Fiktion, und das Leben lehrt uns, dass zwar so manche unserer Mitmenschen Hochstapler sind, aber nur wenige ein Professor Kuckuck der Unterhaltung. Dennoch ist es in der Realität tatsächlich nicht sehr nett, jemandem, den man kennt, zu signalisieren, dass man sich die Zeit lieber auf alle mögliche andere Art und Weise vertreibt, als sich mit ihm zu unterhalten.

Die Realität lehrt aber noch etwas anderes: In seinem 1903 erschienenen Text *Die Großstädte und das Geistesleben* beschreibt der große Soziologe Georg Simmel, dass der Großstädter angesichts der Fülle der zwischenmenschlichen Begegnungen, denen er jeden Tag ausgesetzt ist, gar nicht anders kann, als den meisten seiner Mitmenschen mit Reserviertheit zu begegnen. So würde man häufig etwa »jahrelange Hausnachbarn nicht einmal vom Ansehen kennen«. Im Gegensatz zur überschaubaren Kleinstadt benötige man für ein Leben in der Großstadt die entsprechenden »Distanzen und Abwendungen, ohne die diese Art Leben überhaupt nicht geführt werden könnte«. Dieses Phänomen der großstädtischen Lebensgestaltung sei »in Wirklichkeit nur eine ihrer elementaren Sozialisierungsformen«. Ihr Verhalten mag somit vielleicht nicht sehr freundlich sein, aber im Endeffekt für ein tägliches Leben in der Großstadt fast unvermeidlich und damit in diesem Umfeld verzeihlicher als ein aufgedrängtes Gespräch.

*Literatur:*

Georg Simmel, Die Großstädte und das Geistesleben, Georg-Simmel-Gesamtausgabe, Bd. 7, Suhrkamp Verlag, Frankfurt am Main 1995, S. 116–131

*»Ich reise gern mit dem Zug, weil ich so in Ruhe arbeiten oder lesen kann. Allerdings stört mich die allzu große Nähe von Mitreisenden, daher setze ich mich immer in ein möglichst leeres Abteil. Bei jedem Halt wende ich folgenden Trick an: Ich kratze mich auffällig, sobald ein Fahrgast durch die Scheibe nach einem Platz schaut. Vermutlich löse ich einen Urinstinkt aus, denn fast alle gehen hastig weiter. Nun freue ich mich über meine Ruhe, aber mich plagt mein Gewissen, schließlich manipuliere ich nichtsahnende Leute. Wie schätzen Sie mein Verhalten ein?«* Harald O., Wiesbaden

Wie ich Ihr Verhalten einschätze? Als grässlich! Dabei ist es gar nicht so sehr die Methode, die mich stört. Wenn ich ehrlich bin, gefällt sie mir sogar ein klein wenig. Neben der Skepsis gibt es da auch irgendetwas zwischen Hochachtung vor der Idee und einem kleinen Schmunzeln über den Trick: Er verletzt niemanden, ist ziemlich intelligent und nutzt etwas aus, was Sie Urinstinkt nennen, was man aber – denkt man mehr an allergische Hautkrankheiten als an Parasiten – auch als Vorurteil bezeichnen könnte.

Dass es sich dabei um eine Manipulation handelt, macht die Sache etwas haariger. Für gewöhnlich lehne ich Derartiges ja rundheraus ab, weil es einen Angriff auf die Freiheit der Opfer darstellt. Andererseits kennt man zwischenmenschliche Manipulationen auch aus positiven

Zusammenhängen, zum Beispiel in Liebesdingen. So manche kleine Aufmerksamkeit, mancher Blumenstrauß oder romantisches Abendessen zielt einzig darauf, das Herz des oder der Angebeteten mit feinem Garn so lange zu umspinnen, bis es – ohne genau zu wissen, warum – plötzlich auch für den Fadenzieher schlägt.

Doch hier bilden unschöne Absicht und fragwürdige Methode eine unheilige Allianz: ein Sichbreitmachen, gepaart mit dem Wunsch, immer das Beste für sich herauszuholen. Noch schlimmer sind die Menschen, die in einem voll besetzten Zug Taschen auf die benachbarten Plätze stellen, in der Hoffnung, dass andere lieber weitergehen statt zu fragen, ob frei sei. Die Platzgreifer, die selbst meist keinerlei Hemmungen kennen, nutzen die Zurückhaltung derer, denen es unangenehm ist zu fragen, planvoll zu ihrem eigenen Vorteil aus.

Und in abgeschwächter Form trifft das auch auf Sie zu. Ja sicher, auch ich sitze lieber ungestört mit viel Platz als zusammengedrängt Knie an Knie. Aber mehr noch als die Enge stören mich ausgefahrene Ellenbogen – in welcher Form auch immer.

*»Wir wohnen in einer ruhigen Anliegerstraße. Leider nut-*
*zen Autofahrer sie zunehmend als Abkürzung. Neben der*
*Lärmbelästigung ergibt sich durch mitunter deutlich*
*überhöhte Geschwindigkeit eine Gefährdung der anwoh-*
*nenden Kinder. Handele ich ethisch vertretbar oder de-*
*nunziatorisch, wenn ich die Behörde bitte, vermehrt*
*Kontrollen durchzuführen?«*                    Hugo Z., Amberg

Ihr Ansinnen könnte tatsächlich einen fragwürdigen
Touch aufweisen, wenn es Ihnen vorwiegend darum ginge, Verkehrssünder bestraft zu sehen. Dass man das, auch
wenn damit abstrakt der Gerechtigkeit Genüge getan
würde, als unschön empfindet, liegt an einem Grundsatz,
den der römische Philosoph Seneca prägnant formuliert
hat: »Nam, ut Plato ait, nemo prudens punit, quia peccatum est, sed ne peccetur« – Denn, wie schon Plato sagt,
»kein Kluger straft, weil gesündigt worden ist, sondern
damit nicht gesündigt werde.« Sinn kluger Strafe muss
sein, das mit Strafe belegte Verhalten zu verhindern,
nicht aber der Versuch, das Unrecht aufzuwiegen oder zu
beseitigen, was ohnehin nicht gelingen kann.

Ihre Frage ist nun ein schöner Anwendungsfall für diesen Grundsatz, weil sie mit der Geschwindigkeitsüber-
schreitung und deren Ahndung, dem »Blitzen«, einen Bereich betrifft, den die meisten in erster Linie als »Täter«
kennen. Viele erblicken darin eine Schikane oder gar eine
Methode des Staates, an Geld zu gelangen. Sie zeigen aber

nun, dass es auch anders sein kann und hier auch anders ist, weil die von Ihnen erbetenen Geschwindigkeitskontrollen neben dem berechtigten Wunsch nach Lärmschutz ein mehr als legitimes Ziel haben: den Schutz der dort lebenden Kinder.

Hat man nun die Kontrollen derart analysiert, fällt es leichter, das von Ihnen als potentiell denunziatorisch eingestufte Vorsprechen bei der Behörde einzuordnen. Denn die Bewertung bleibt die gleiche: Solange das »kluge« Ziel der Aktion, die Gefährdung der Kinder durch Geschwindigkeitsüberschreitungen zu vermindern, im Vordergrund steht, ist die Bitte um Kontrollen ebenso wie die mögliche Bestrafung von Schnellfahrern nicht Selbstzweck, sondern nur sinnvolles Mittel und deshalb im Sinne von Seneca und Plato gerechtfertigt.

*Quellen:*

Zum Thema Zweck der Strafe:

Claus Roxin, Strafrecht Allgemeiner Teil. Bd. I, Verlag C. H. Beck, München 1991, darin § 3 Zweck und Rechtfertigung von Strafe und Maßregeln, S. 36 ff.

Seneca, De ira, Liber primus, XIX, 7
Dort schließt sich an den zitierten bekannten Satz noch ein weiterer Halbsatz an: »Nam, ut Plato ait, nemo prudens punit, quia peccatum est, sed ne peccetur; revocari enim praeterita non possunt, futura prohibentur.«
Übersetzung: »Denn, wie schon Plato sagt, kein Kluger straft, weil gesündigt worden ist, sondern damit nicht gesündigt werde; denn Vergangenes kann man nicht mehr ungeschehen machen, Zukünftiges ist zu verhindern«, zu finden z. B. in einer zweisprachigen Ausgabe Lateinisch / Deutsch bei Reclam, Stuttgart 2007.

# Sehen, Hören und Lesen

## Über Kultur und Medien

»Neulich bekam ich zwei Freikarten für eine Kabarett-aufführung geschenkt. Die Veranstaltung in einer unge-heizten Halle war extrem schwach besucht und die Ka-barettisten entpuppten sich als ziemlich schlecht: Ihr Programm war langatmig und fade. Als ich nach zwei Stunden auf die Uhr schaute, waren erst 25 Minuten ver-gangen. Wir verließen die Veranstaltung in der Pause – was die Künstler wegen der geringen Besucherzahl be-stimmt bemerkt haben. Nun will ich niemanden beleidi-gen, aber ich möchte meine freien Freitagabende auch nicht verschwenden. Deshalb die Frage: Darf man solche Aufführungen vorzeitig verlassen? Oder kränkt das den Künstler zu sehr?«                    Maximilian T., Hannover*

In einer der Schlüsselszenen seines Meisterwerks *Sein oder Nichtsein* lässt Ernst Lubitsch einen jungen Flieger-leutnant immer gerade dann aufstehen und den Zuschau-erraum verlassen, wenn der Schauspieler Joseph Tura sei-nen Monolog als Hamlet beginnt. Tura verstört das mit jeder Vorstellung stärker, weil er es auf seine, im Film wunderbar überpathetisch dargestellte Schauspielerei be-zieht. Dabei hat der junge Flieger in Wirklichkeit eine Af-färe mit Turas Frau und die beiden nutzen den Monolog des Mannes für ein ungestörtes Schäferstündchen in der Garderobe.

Das erzähle ich nicht nur, um Ihnen einen meiner Lieb-lingsfilme ans Herz zu legen, sondern um zu zeigen: Ja, es kann Künstler kränken, wenn Sie während der Vorstellung gehen. Deshalb bleibt nur noch die Frage, ob die Kabarettisten eine derartige Kränkung hinnehmen müssten. Eine Frage, die ich bejahe. Zum einen haben die Witzezerreißer offenbar gegen das eherne Gebot der Bühne verstoßen: Du sollst nicht langweilen! Da dürften Sie sogar Buh rufen, also direkt Missbilligung ausdrücken; und das bezwecken Sie mit Ihrer Flucht nicht einmal. Sie brechen nicht während der laufenden Vorstellung auf und werfen die Türe laut hinter sich zu. Im Gegenteil, Sie wählen die dezentest mögliche Form des Abgangs, kommen schlicht nicht wieder. Das Betreten einer Aufführung verpflichtet zu einem gewissen Respekt dem Künstler gegenüber, nicht aber dazu, komme, was wolle, bis zum Schluss auszuharren.

Gilt das immer? Natürlich nicht. Anders läge es etwa bei einem Blockflötenkonzert Ihrer vierjährigen Tochter. Falls hier die von der Natur eingerichtete rosa Klangbrille versagt und selbst Vaterstolz die Ergebnisse kindlicher Musikbegeisterung nicht mehr in erträgliche Töne zu verwandeln vermag, hieße es dennoch: Ohren zu und durch.

*Quelle:*

To Be or Not To Be (Sein oder Nichtsein), Regie: Ernst Lubitsch, Uraufführung am 19. Februar 1942 in Los Angeles

*»In einer Ausstellung wurde ich beim Betrachten eines Exponats unversehens von einer Besuchergruppe mit einer sehr fachkundigen Führerin umzingelt. Ich lauschte interessiert und folgte dann der Gruppe, bis mich jemand streng zur Rede stellte, dass es sich um eine bezahlte Führung handle. Ist es falsch zuzuhören, wenn man keinen stört oder niemandem etwas ›weghört‹?«*

*Karl G., Passau*

Ihr Fall beinhaltet ein klassisches moralisches Problem in einer interessanten Variante. Der Klassiker ist das Trittbrettfahrerproblem. In der Tat hören Sie niemandem etwas weg. Nur gäbe es das, was Sie hören, nicht, würden nicht andere dafür bezahlen. Das ist die typische Situation der Free Rider oder eben Trittbrettfahrer: Wenn jemand ein öffentliches oder öffentlich zugängliches Gut – und das ist eine Führung, wenn sie in normalen Ausstellungsräumen stattfindet, so dass jeder Anwesende sie hören kann – nutzt, ohne sich an den Kosten dafür zu beteiligen. Das Ganze funktioniert nur, weil und solange genügend andere bezahlen – und dadurch für Sie mit bezahlen. Der US-amerikanische Philosoph John Rawls begründet die Pflicht, sich zu beteiligen, auch wenn keine Vereinbarung getroffen wurde, mit Fairness, weil es falsch sei, »die Früchte fremder Anstrengung in Anspruch [zu] nehmen, ohne selbst seinen fairen Teil beizutragen«.

Nun ist es beim typischen Trittbrettfahren, dem Schwarzfahren, ziemlich klar, ob man ohne Bezahlung mitfahren darf oder nicht. Bei Ihnen in der Ausstellung ist das nicht so einfach, da sind die Übergänge fließend. Wenn Sie vor einem Bild stehen, und es baut sich neben Ihnen die Gruppe mit der Führerin auf, müssen Sie weder Ohropax zücken noch fluchtartig den Saal verlassen. Dass Umstehende unwillkürlich mithören, gehört gewissermaßen zum Berufsrisiko einer Führung. Die mehr oder weniger zufällige Inanspruchnahme allein reicht noch nicht, um eine Beteiligungspflicht zu begründen. Das ändert sich jedoch, wenn man das öffentlich zugängliche Gut bewusst und gewollt nutzt und damit ausnutzt. Und das ist spätestens dann der Fall, wenn Sie der Führung nicht mehr nur zufällig begegnen, sondern ihr absichtlich folgen – örtlich wie inhaltlich.

*Literatur:*

Hardin, Russell, »The Free Rider Problem«, The Stanford Encyclopedia of Philosophy (Ausgabe Frühjahr 2013), Edward N. Zalta (Hrsg.), online abrufbar unter:
http://plato.stanford.edu/archives/spr2013/entries/free-rider/

John Rawls, Eine Theorie der Gerechtigkeit, Suhrkamp Verlag, Frankfurt am Main 1979, insbesondere S. 133, zu öffentlichen Gütern S. 299 ff.

H. L. A. Hart, Are There Any Natural Rights?, The Philosophical Review Bd. 64, Nr. 2 (April 1955), S. 175–191

Garrett Cullity, Moral Free Riding, Philosophy & Public Affairs, Bd. 24, Nr. 1 (Winter 1995), S. 3–34

Richard J. Arneson, The Principle of Fairness and Free-Rider Problems, Ethics, Bd. 92, Nr. 4. (Juli 1982), S. 616–633

*»Im Gespräch mit Kollegen habe ich erzählt, dass ich mitunter Bücher, die ich gekauft habe, um sie zu verschenken, vorher noch schnell lese. Darüber herrschte im Kollegenkreis einhellig Entsetzen: Das macht man nicht! Meine Frage daher: Wertet es ein geschenktes Buch ab, wenn ich vorher reingeschaut habe?«*

Katharina W., Berlin

»Habent sua fata libelli – Bücher haben ihre Schicksale« lautet ein bekanntes Sprichwort. Und daneben, möchte ich hinzufügen, auch ihre Charaktere, Eigenheiten und Besonderheiten. Sparbücher etwa kann man durch inhaltliches Auslesen in ihrem Wert empfindlich beeinträchtigen. Notizbücher verändern sich ebenfalls mit Gebrauch, mal positiv, mal negativ; ebenso Skizzenbücher, je nachdem, wer sich darin betätigt hat. Und über ein Fotoalbum, gefüllt mit Bildern etwa von Wolfgang Tillmans, würde ich mich zu Weihnachten mehr freuen als über ein leeres, originalverpacktes.

Die meisten anderen Bücher hingegen verändern sich durch einmaliges Lesen in der Sache kaum – vorausgesetzt, man nagt nicht nebenher an Hähnchenschenkeln. Ob sie dabei als Präsent ideell an Wert verlieren, hängt von der Betrachtungsweise ab: Stellt man beim Schenken auf das Opfer des Schenkenden ab, auf seinen Aufwand oder das Aussondern aus seinem Besitz, kann man tatsächlich eine Beeinträchtigung postulieren, wenn der Inhalt vorher noch einverleibt wird. Meiner Ansicht nach sollte sich der Wert des Geschenkes jedoch – außer in Sonderfällen wie dem selbst Gemachten, vom Munde Abgesparten oder aus dem Herzen Geschnittenen – an dem orientieren, was beim Beschenkten ankommt, und das bleibt gleich.

Anders liegt es natürlich, wenn Sie wissen, dass der oder die Beschenkte ein besonderes Verhältnis zu Büchern hat, es genießt, wenn sie noch unberührt sind, beim Blättern knistern, nach Druckerschwärze riechen, oder es einfach nur so lieber mag, wenn sie ungelesen sind. Zwar würde ich ihm, wenn er mich fragt, sagen, er soll sich über das Geschenk so freuen, wie es kommt, und nicht auch noch Ansprüche stellen. Aber von Ihrer Warte aus gilt, möglichst so zu schenken, wie der Beschenkte es will. Ihn soll es ja schließlich erfreuen und Sie nur als Spiegel seiner oder ihrer Freude.

*Quelle:*

Das Sprichwort »Habent sua fata libelli« geht zurück auf den lateinischen Grammatiker Terentianus Maurus. Allerdings lautet es in seinem Lehrgedicht »*De litteris, de syllabis, de metris*« vollständig: »Pro captu lectoris habent sua fata libelli«, was sich mit »Je nach Auffassungsgabe des Lesers haben die Büchlein ihre Schicksale« übersetzen lässt.

*»In den vergangenen Wochen hat meine Frau intensiv die Sondersendungen im Fernsehen über die hochwassergeschädigten Ortschaften und vor allem Menschen verfolgt. Ich habe das abgelehnt, weil ich das als reine Sensationsberichterstattung empfand, und mein Informationsbedürfnis lieber mit den Nachrichten im Radio gestillt. Habe ich da zu viele Skrupel?«*

Volker M., Fulda

Ihre Bedenken kann ich nachvollziehen, wenn auch nur zum Teil. Bilder sind auf jeden Fall dort sinnvoll, wo sie zusätzliche Informationen transportieren. Eine Luftaufnahme etwa sagt dem durchschnittlichen Zuschauer oder Leser wesentlich mehr als eine Quadratkilometerangabe überschwemmter Fläche. Auch Betroffene zu zeigen und zu Wort kommen zu lassen wirkt anders als nüchterne Zahlen und Fakten über ein Unglück – ist jedoch sehr zwiespältig. Es kann positiv sein im Hinblick auf das Informationsbedürfnis, aber auch um Hilfsbereitschaft auszulösen oder Verständnis zu wecken für den Aufwand, der für Hilfe und Schutz vor weiteren Katastrophen notwendig ist. Dem steht jedoch die Gefahr gegenüber, dass Menschen in ihrem Unglück vorgeführt werden. Dieses Vorführen stellt eine absolute Grenze dar, an der das Recht auf Information und sonstige Belange enden. Man muss keinen Betroffenen weinen sehen, um zu erfassen, dass es schlimm ist, alles verloren zu haben.

Mir scheint es zudem widersprüchlich, auf der einen Seite immer wieder zu fordern, man solle nicht unbeteiligt bleiben, »nicht wegsehen«, wenn etwas passiert, auf der anderen Seite aber die Neugier, den Antrieb, ein Unglück tatsächlich zu sehen, zu verurteilen. Beides sind zwei Seiten einer Medaille. Die Grenze zwischen positiver Anteilnahme und Sensationslust ist schmal, weshalb man sich selbst prüfen muss, wo man steht, wenn man sich die Bilder oder das Geschehen ansieht.

Noch mehr gilt das für die Medien, die das Ganze professionell betreiben. Empathie, das Mitfühlen mit den Betroffenen, ist etwas Positives, und dieses Gefühl wird nun einmal durch Bilder viel stärker angesprochen als durch Fakten. Dieser Effekt kippt jedoch ins Negative, wenn er von den Medien nur dazu genutzt wird, Quoten oder Auflagen zu steigern.

*Lesehinweise:*

Rüdiger Funiok, Medienethik, Verlag W. Kohlhammer, 2. Aufl., Stuttgart 2011

Wolfgang Wunden, Medienwirkungen am Beispiel von Gewaltdarstellungen im Fernsehen, in: Matthias Karmasin (Hrsg.), Medien und Ethik, Reclam Verlag, Stuttgart 2002, S. 77–98

Wolfgang Huber, Menschenwürde? Gewalt und Intimität als Unterhaltung, in: Wolfgang Wunden (Hrsg.), Öffentlichkeit und Kommunikationskultur, Lit Verlag, Hamburg 1994, S. 181–195

Roland Mangold, Der abendliche Horror? Unterhaltung und Emotionen bei Fernsehnachrichten, in: Gunnar Roters, Walter Klingler, Maria Gerhards (Hrsg.), Unterhaltung und Unterhaltungsrezeption, Nomos Verlag, Baden-Baden 2000, S. 119–140

Deutscher Presserat (Hrsg.), Praxis-Leitfaden. Berichterstattung über Amokläufe – Empfehlungen für Redaktionen, Berlin, August 2010

*»Als ich vor kurzem über den Viktualienmarkt ging, hörte ich dort einen Leierkastenmann den ›Badenweiler Marsch‹ orgeln. Auch bei Faschingsumzügen ist mir dieses Stück – Hitlers Lieblingsmarsch und seine Erkennungsmelodie – wiederholt aufgefallen. Deshalb meine Frage: Ist der ›Badenweiler Marsch‹ inzwischen rehabilitiert? Schließlich ist über den Komponisten Georg Fürst auf Anhieb nichts Nationalsozialistisches herauszufinden. Sollte man ähnlich strenge Maßstäbe anlegen wie an das Horst-Wessel-Lied? Oder ist der Marsch eher mit der Musik des Antisemiten Richard Wagner zu vergleichen, die zwar in Deutschland, nicht aber in Israel öffentlich gespielt werden kann?«*    *Mathias S., München*

Trotz berufsbedingt skeptischer Distanz zum Schöpfer der Sentenz »Nie sollst Du mich befragen!« gelangte auch ich beim Nachdenken über Ihre Frage zur Diskussion um Richard Wagner, neu belebt durch Daniel Barenboim, der 2001 bei einem Konzert in Jerusalem überraschend Passagen aus Tristan und Isolde aufführte. Dort vermengen sich allerdings zwei Aspekte: der Antisemitismus Richard Wagners – inwieweit dies auch immer in der Musik Niederschlag gefunden haben mag – und die öffentlich zelebrierte Wagner-Verehrung durch Adolf Hitler. Da der Komponist des ›Badenweiler Marsches‹ ein unbeschriebenes Blatt darstellt, tritt bei ihm die theoretische Frage schärfer zutage: Kann »unbescholtene« Musik oder Kunst nachträglich durch etwas, was primär nicht mit ihrer Entstehung oder Aussage verknüpft ist, beeinflusst werden?

Leider ist es auch hier nicht so einfach, denn es kommen andere Gesichtspunkte hinzu: Der Marsch hat ein geringeres künstlerisches Gewicht als Wagners Werke. Dies hat Bedeutung, wollte man etwa Barenboims Argument übertragen, man solle den Nazis den Triumph nicht gönnen, indem man ihretwegen Wagner boykottiere. Daneben liegt ein Marsch auch, worauf der Berliner Musikwissenschaftler Michael Custodis hinweist, von seiner militärischen Natur her nicht fern vom Faschismus mit seiner Vorliebe für Uniformen und Aufmärsche und war deshalb leicht zu vereinnahmen. Dies geschah nahezu vollständig: Mittels Polizeiverordnung wurde die ursprünglich unverfängliche Melodie des Königlich Bayerischen Infanterie-Leibregiments exklusiv für Auftritte Hitlers reserviert.

Kann nun diese massive, auch medial verbreitete Vereinnahmung das Musikstück verändern? Gemäß der Rezeptionsästhetik, der zufolge ein Kunstwerk auch durch den Betrachter oder Hörer bestimmt wird, wäre das denkbar. Jedoch auch wenn man diese Deutung ablehnt, weil man etwa dem Werk mehr eigene Subjektqualität zuerkennt, geht es dennoch an ihm nicht spurlos vorüber, wenn es fortan in anderem Kontext wahrgenommen wird. Zugespitzt ließe sich formulieren, dass die ehemals weiße Weste der Musik nicht mehr weiß ist, sondern mit braunem Dreck beschmiert; und wenn man putzt und reibt, bleibt dennoch ein brauner Fleck. Das prägnante Bild gibt auch zu denken, denn ein Fleck, der nicht mehr abgeht, hätte dann doch die Substanz verändert – und je schwächer die Substanz, umso stärker die Veränderung.

Auf jeden Fall aber ist eines geschehen: Am Badenweiler Marsch klebt die Assoziation mit der nationalsozialis-

tischen Propaganda und wirkt in den Köpfen der Zuhörer.
Das wiederum eröffnet Missbrauchsmöglichkeiten durch
rechte Kreise. Eine Entmystifizierung durch unbefange-
nen Gebrauch scheint mir unsicher, deshalb sehe ich
dort, bei der Missbrauchsgefahr und der Wirkung in den
Köpfen die Gründe, warum man meiner Ansicht nach den
Badenweiler Marsch – mag er selbst vielleicht auch harmlos sein – nach wie vor nicht unbedenklich spielen kann.

*Quellen:*

Zur Frage, inwieweit man bedenkenlos Musik von einem Musiker hören
kann, der des Kindesmissbrauchs beschuldigt wird, siehe die Gewissensfrage in Heft 8 / 2006 des SZ-Magazins, abgedruckt mit weiteren Nachweisen in: Rainer Erlinger, Wenn Sie mich fragen, Kunstmann Verlag,
München 2007, S. 222 ff.

Zur Frage, inwieweit das für die harmlose Paulchen-Panther-Melodie
gilt, nachdem sie die Terrorzelle NSU für ihr Bekennervideo benutzt hat,
siehe die Gewissensfrage in Heft 5 / 2013 des SZ-Magazins, abgedruckt
in: Rainer Erlinger, Darf man Eltern sagen, dass ihre Kinder nerven? Und
andere Gewissensfragen aus dem Alltag, Fischer Taschenbuch Verlag,
Frankfurt am Main 2016, S. 246

*»Wir haben auf dem Flohmarkt und bei eBay Super-8-Filme gekauft, Urlaubsfilme. Es handelt sich teilweise um sehr intime Aufnahmen, sogar Nacktaufnahmen, wohl nie für das Auge von Fremden bestimmt. Wir würden diese Filme gern im Rahmen eines Theaterabends zeigen. Da wir die Menschen auf den Bildern aber nicht kennen, können wir sie nicht um ihr Einverständnis bitten. Dürfen wir die Filme trotzdem verwenden? Schützt uns die Freiheit der Kunst? Oder geht die Privatsphäre der anderen vor?«* Thea Sch., Berlin

Sie kaufen auf einem öffentlichen Markt öffentlich angebotene Filme, also Objekte, deren Zweck die Vorführung ist. Und nun überlegen Sie, ob es in Ordnung ist, diese – nicht einmal kommerziell, sondern im Rahmen eines Kunstprojektes – vorzuführen. Und meine Antwort lautet: Nein.

Warum? Den ersten wunden Punkt haben Sie selbst in Ihrer Frage aufgezeigt: »wohl nie für das Auge eines Fremden bestimmt«. Die Diskussion um die Verwertung von persönlichen Daten in der Kunst kennt man vor allem von Romanen. Gerichte bis hin zum Bundesverfassungsgericht haben sich damit mannigfach beschäftigt und versucht, eine Abwägung zu finden. Im Zentrum stehen Privatheit, Intimität und Selbstbestimmung sowie die Überlegung, wie weit diese wertvollen Güter in der ebenso wertvollen Freiheit der Kunst ihre

Schranken finden – bei privaten Nacktfilmen eher problematisch.

Hier aber geht es einen Schritt weiter. Bei der Verarbeitung von Biographien in Literatur und sonstigen Kunstformen wird der jeweilige Mensch durch seine Biographie als Individuum geachtet, auch wenn es gegen seinen Willen geschieht, und steht als Person im Fokus der Kunst. Das aber ist bei Ihrem Projekt nicht der Fall. Wenn Sie anonyme Filme auf Flohmärkten oder im Internet ankaufen und verwenden, zeigen Sie, dass es Ihnen gerade nicht um die Personen als Individuen geht, sondern die Abgebildeten als beliebig austauschbares Material für Ihre Zwecke dienen. Ohne es zu wissen, werden sie zum Mittel gemacht und buchstäblich vorgeführt.

Ich habe generell ein Problem damit, wenn allzu persönliche Dinge auf Flohmärkte gelangen, meist über Haushaltsauflösungen und damit ohne Wissen und Wollen der früheren Besitzer. Ein Teil von deren Leben wird damit wohlfeil und die Person selbst zur Ware, zum Objekt. Noch mehr gilt das, wenn es um Intimes geht und das auch noch öffentlich gezeigt werden soll.

*Zur Privatheit*

Wolfgang Schmale, Marie-Theres Tinnefeld, Privatheit im digitalen Zeitalter, Böhlau Verlag, Wien 2014

Samuel D. Warren und Louis D. Brandeis, The Right to Privacy, Harvard Law Review, Heft Nr. 5, Bd. IV 1890

Beate Rössler, Der Wert des Privaten, Suhrkamp Verlag, Frankfurt am Main 2001

Raymond Geuss, Privatheit – Eine Genealogie, Suhrkamp Verlag, Frankfurt am Main 2002

*»Mein Schwager wirft mir mangelnden Respekt vor dem geschriebenen Wort vor, wenn ich Bücher aufgeschlagen hinlege und der Buchrücken geknickt wird. Ich bin es so gewohnt, finde nichts Verwerfliches daran, bin vielleicht auch zu faul, bei Unterbrechungen ein Lesezeichen zu suchen, die Seite vergesse ich dann eh. Gibt es dazu einen Ratschlag?«*

*Rudolf T., Bochum*

Ob Sie mangelnden Respekt vor dem geschriebenen Wort haben, kann man Ihrem Verhalten nicht entnehmen. Man kann nur feststellen, dass Sie offenbar wenig Respekt vor Büchern, also dem gebundenen, gedruckten Wort haben. Das ist keine Wortklauberei, vielmehr liegt zwischen diesen beiden Formulierungen die Antwort auf Ihre Frage. Der erste Unterschied liegt zwischen »wenig« und »mangelnd«. »Wenig« ist rein feststellend, »mangelnd« hingegen beinhaltet eine Bewertung. Es setzt voraus, dass Mangel herrscht, dass das Ausmaß, hier des Respekts, nicht nur gering, sondern zu gering ist. Und benötigt daher eine Vorgabe, wie viel Respekt man schuldet.

Das geschriebene Wort kann in vielerlei Formen erscheinen. Eine davon ist gedruckt in einem Buch. Eine Zeitung oder ein Magazin sind andere, aber auch jede Form von elektronischer Darstellung, vom Computerbildschirm über das E-Book bis hin zum Smartphone. Ich persönlich schätze das gedruckte Buch sehr, sowohl als schönen Gegenstand als auch, weil es seinen Inhalt nicht nur präsentiert, sondern auch repräsentiert, greifbar und begreifbar macht, materialisiert, bewahrt. Deshalb stört es mich, wenn man mit Büchern achtlos umgeht, mehr als bei sonstigen Dingen, vielleicht am ehesten vergleichbar einem handwerklich aufwendig hergestellten Gegenstand, der die darin steckende Arbeit repräsentiert. Aber das ist meine Meinung, keine verbindliche Vorgabe.

Man könnte sogar sagen, Ihnen geht es mehr um das geschriebene Wort. Denn Sie betrachten das Buch offenbar nur als Mittel, um an dieses geschriebene Wort zu gelangen, das für Sie im Vordergrund steht, statt das Medium Buch zum Fetisch zu erheben. Deshalb: Auch wenn ich persönlich eher die Haltung Ihres Schwagers teile, berechtigt das nicht dazu, Ihnen einen Vorwurf zu machen.

*Literatur:*

Es ist wissenschaftlich umstritten, ob das Lesen auf Papier oder elektronischen Medien zu Unterschieden beim Verständnis des Textes und wie viel man von ihm behält führt:

Margolin, S. J., Driscoll, C., Toland, M. J. und Kegler, J. L. (2013), E-readers, Computer Screens, or Paper: Does Reading Comprehension Change Across Media Platforms?, Appl. Cognit. Psychol., 27, S. 512–519

Anne Mangena, Bente R. Walgermoa, Kolbjørn Brønnick Reading linear texts on paper versus computer screen: Effects on reading comprehension; Int J of Educ Res, Bd. 58, 2013, S. 61–68

Amanda J. Rockinson-Szapkiw, Jennifer Courduff, Kimberly Carter, David Bennett Electronic versus traditional print textbooks: A comparison study on the influence of university students' learning; Computers & Education, Bd. 63, April 2013, S. 259–266

*»In unserer Stadt gibt es ein paar Galerien und dement-
sprechend regelmäßig Ausstellungseröffnungen, die ich
gern besuche. Allerdings kommen Ankäufe für mich
letztlich nicht in Frage – angesichts meines hohen Alters
und der vollen Wände zu Hause. Darf ich mir trotzdem
bei den Vernissagen ein Glas Prosecco einschenken lassen und ein Häppchen nehmen, oder muss ich enthaltsam sein?«*
Walter W., Oldenburg

Enthaltsam bei Alkohol zu sein ist schon aus gesundheit-
lichen Gründen sinnvoll. Moralische Aspekte kommen
allerdings erst bei größeren Alkoholmengen zum Tragen,
wenn sich negative Folgen für die Persönlichkeit einstel-
len. Ich gehe jedoch davon aus, dass Sie es bei den Aus-
stellungen nicht so weit kommen lassen und keinesfalls
im Rausch die Kunstwerke beschädigen. Davon unabhängig ist allerdings die Frage des – hart ausgedrückt –
Schmarotzens. Diesem Vorwurf gilt offensichtlich Ihre
Sorge. Das ehrt Sie – und hebt Sie wahrscheinlich vom
Gros der Besucher ab.

Meine Nachfrage bei einer Galeristin ergab, dass viele
ihrer Kollegen über das »Prosecco-Volk« jammern, all die
Leute, die auf jede Eröffnung kommen und sich an den
Erfrischungen laben, ohne je ein Bild zu kaufen. Andererseits betonte sie aber auch, dass Vernissagen dazu dien-
ten, den Künstler und seine Werke bekannter zu machen;
im Prinzip trage jeder Anwesende einen Teil dazu bei.

In der Tat fänden sämtliche echten Kunstkäufer wahrscheinlich leicht im Wohnzimmer des Galeristen Platz. Damit aber wäre niemandem gedient, auch dem Gastgeber nicht, der zwar ein paar Flaschen spart, jedoch die Chance verspielt, die Werke einem breiteren Kreis zu präsentieren. Ein Galerist, dem es auf seinen Empfängen ausschließlich um Umsatz geht, hätte wohl seinen Beruf verfehlt; schließlich handelt er mit Kunst und nicht mit Rheumadecken.

Umgekehrt wäre es falsch, die Gastfreundschaft auszunutzen und ausschließlich der Schnittchen wegen zu einer Vernissage zu gehen. (Ob das in Anbetracht des meist Gebotenen überhaupt sinnvoll ist, bleibe dahingestellt.) Wer sich wie Sie jedoch tatsächlich für Kunst interessiert, wird in Galerien stets willkommen sein.

»Bei einem Konzertbesuch verkündete vor Beginn eine Mitarbeiterin, dass das Orchester unter Schock stehe. Vor wenigen Tagen sei ein langjähriges Mitglied bei einem Autounfall ums Leben gekommen. Dann bat sie das Publikum, sich gemeinsam mit dem Orchester für eine Trauerminute zu erheben. Hat ein Orchester das Recht, das Publikum in seine Trauer einzubeziehen?«

*Paul C., Bochum*

Rein pragmatisch ließe sich argumentieren, den Musikern ist es offenbar wichtig und für die Zuhörer nur eine Minute – also warum nicht? Allerdings kann man auch die Position vertreten, dass die Auseinandersetzung mit dem Unfalltod eines Menschen belastend ist und man damit nicht überfallen werden will. Noch dazu unmittelbar vor Beginn eines Konzerts, dessen Genuss nicht nur für übertrieben empfindliche Menschen davon beeinträchtigt werden könnte. Zumal es ja der Sinn der Trauerminute ist, die Zuhörer nicht nur zu informieren, sondern einzubeziehen in die Trauer über jemanden, den die meisten Zuhörer nicht persönlich kannten.

Auf der anderen Seite sind Musiker keine Abspielautomaten, sondern Menschen, und der plötzliche Tod eines Mitglieds ist nicht nur für die einzelnen Kollegen, sondern auch für ein Orchester als Gemeinschaft erschütternd. Deshalb ist es verständlich, wenn diese Gemeinschaft in der ihr charakteristischen Form reagieren will, und das ist der Rahmen des Konzerts. Zudem ist ein Musiker über seine Arbeit auch eine öffentliche Person, und es scheint angebracht, seiner in der Art seines öffentlichen Wirkens auch entsprechend zu gedenken.

Ich habe diesen Fall mit professionellen Musikern besprochen. Dabei hörte ich einerseits die Meinung, Musiker seien Profis und sollten ihr Publikum damit nicht behelligen und auch dem Werk den Vortritt vor dem eigenen Befinden lassen, andererseits aber auch das mich überzeugende Argument, es sei ja gerade der Sinn eines Konzerts, das, was es vom Anhören der möglichst perfekten Studioaufnahme unterscheide, ein Gemeinschaftserlebnis von Musikern und Zuhörern herzustellen, das Entstehen, die Musiker und Interpreten nahbar zu machen. Dazu gehört dann auch die Anteilnahme an einem so einschneidenden Ereignis.

*Hinweise:*

Das Verhältnis von Musik, Musiker und Zuhörer war schon mehrfach Gegenstand der Gewissensfrage.

Zur Frage, inwieweit man bedenkenlos Musik von einem Musiker hören kann, der des Kindesmissbrauchs beschuldigt wird, siehe die Gewissensfrage in Heft 8 / 2006 des SZ-Magazins, abgedruckt mit weiteren Nachweisen in: Rainer Erlinger, Wenn Sie mich fragen, Kunstmann Verlag, München 2007, S. 222 ff.

Zur Frage, ob man den Badenweiler Marsch, ursprünglich die Melodie des Königlich Bayerischen Infanterie-Leibregiments, noch unbeschwert spielen und hören kann, nachdem ihn sich Adolf Hitler per Polizeiverordnung exklusiv für seine Auftritte reserviert hatte, siehe S. 199

Zur Frage, inwieweit das für die harmlose Paulchen-Panther-Melodie gilt, nachdem sie die Terrorzelle NSU für ihr Bekennervideo benutzt hat, siehe die Gewissensfrage in Heft 5 / 2013 des SZ-Magazins, abgedruckt in: Rainer Erlinger, Darf man Eltern sagen, dass ihre Kinder nerven? Und andere Gewissensfragen aus dem Alltag, Fischer Taschenbuch Verlag, Frankfurt am Main 2016, S. 246

*»Ich löse gerade meine DVD-Sammlung auf. Darunter finden sich auch die Filme Pulp Fiction, Der englische Patient sowie die Herr-der-Ringe-Trilogie – alles Produktionen von Harvey Weinstein. Ist es moralisch verwerflich, wenn ich die Werke dieses Mannes, gegen den gerade wegen sexuellen Missbrauchs ermittelt wird, auf eBay zum Kauf anbiete?«*      Thomas N., München

Finanzielle Auswirkungen in Bezug auf Harvey Weinstein stehen hier nicht zur Debatte, weil der Produzent eines Films aus dem privaten Weiterverkauf einer DVD keine Vorteile zieht. Im Gegenteil: Wer einen Film haben will und gebraucht erwirbt, kauft ihn nicht neu, und das wäre etwas, woran der Produzent je nach Ausgestaltung seiner Verträge weiter verdienen könnte.

Es bleiben jedoch die Überlegungen, ob der Film dadurch, dass ein potentieller Sexualtäter an ihm mitgewirkt hat, so belastet ist, dass man sich durch seinen Verkauf, wenn nicht zum Mittäter, so doch schmutzig macht. Oder ob man dadurch, dass man von Herrn Weinstein produzierte Filme weiter handelt, als wäre nichts geschehen, die Vorwürfe gegen ihn verharmlost. Dies alles hängt an der Frage, inwieweit ein Film mit denen verbunden bleibt, die ihn geschaffen haben. In diesem Fall: inwieweit persönliches Fehlverhalten eines der Schöpfer auf das Produkt Film durchschlägt.

Meiner Auffassung nach entfaltet ein Kunstwerk ein

Eigenleben, das über den reinen Schöpfungsbeitrag seiner Ersteller hinausgeht, und zwar umso stärker, je größer die Kunst ist. Zudem verbindet man die Filme künstlerisch neben den Schauspielern eher mit ihren Regisseuren als mit den Produzenten, und der konkrete Beitrag eines sogenannten »Executive Producer« wie Harvey Weinstein kann ganz unterschiedlich ausfallen. Würde man etwa erfahren, dass Weinstein die Ausgestaltung von gewalttätigen Sexszenen wie in Pulp Fiction explizit befördert hat, müsste man den Film nun anders einordnen.

Ganz wie vorher wird man die Filme jetzt auch nicht mehr sehen können, jedoch scheint mir das im Sinne einer fortdauernden Bewusstseinsbildung sogar sinnvoll. Vor diesem Hintergrund halte ich die Filme nicht für so belastet, dass man sie nun entsorgen müsste.

*Literatur:*

Vertiefend zur allgemeinen Frage, inwieweit ein Kunstwerk sich von seinem Schöpfer löst (am Beispiel von Musik), siehe die Gewissensfrage in Heft 8 / 2006 des SZ-Magazins, abgedruckt mit weiteren Nachweisen in: Rainer Erlinger, Wenn Sie mich fragen, Kunstmann Verlag, München 2007, S. 222 ff.

Diese wiederum bezieht sich auf folgende Quellen:

Dagobert Frey, Das Kunstwerk als Willensproblem, erschienen 1931 in der Zeitschrift für Ästhetik und allgemeine Kunstwissenschaft, abgedruckt in Dagobert Frey, Kunstwissenschaftliche Grundfragen: Prolegomena zu einer Kunstphilosophie, Rohrer Verlag, Wien 1946, Nachdruck Wissenschaftliche Buchgesellschaft Darmstadt 1992

Wolfgang Kemp (Hrsg.), Der Betrachter ist im Bild – Kunstwissenschaft und Rezeptionsästhetik, Dietrich Reimer Verlag, Berlin 1992

Benvenuto Cellini, Mein Leben, Manesse Verlag 2000

Horst Bredekamp: Die Kunst des perfekten Verbrechens. In: Die Zeit 50 / 2000

Zur Frage, inwieweit ein Kunstwerk (wiederum am Beispiel der Musik) durch nachträgliche Vereinnahmung belastet werden kann, siehe S. 199 ff.

# Die einen und die anderen

Über das Miteinander

*»Bei meinem Discounter wünschen mir die Frauen an
der Kasse: ›Noch einen schönen Tag.‹ Meist antworte ich:
›Ich wünsche auch Ihnen einen schönen Tag.‹ Die Kassiererin könnte dies durchaus als Zynismus verstehen, da
sie an diesem Tag für einen Hungerlohn bis 21 Uhr hart
arbeitet muss. Sollte ich also besser einfach nur ›Danke‹
sagen?«*                                      *Sabine F., Kiel*

Wenn ich »Noch einen schönen Tag« höre, fühle ich
mich immer ein wenig hin- und hergerissen. Einerseits
ist es zweifellos etwas Positives, einem anderen Menschen zu wünschen, dass sein Tag schön verlaufen möge.
Andererseits dürfte es in vielen Geschäften nicht viel
mehr als eine leere Floskel sein, zu der die Angestellten
verpflichtet sind. Eine Sitte oder Unsitte, die aus den USA
zu uns gekommen ist, wo »Have a nice day« zum Stan-
dardrepertoire der Verabschiedung von Kunden gehört.
    Wie darauf antworten? Zwei Aspekte stören mich dar-
an, aus Rücksicht nicht »Ihnen auch!« zu sagen. Zum einen liegt dieser Zurückhaltung die Idee zugrunde, dass
eine Kassiererin keinen schönen Tag haben könne. Und
das beinhaltet neben allem Mitgefühl auch eine gewisse
Überheblichkeit gegenüber diesem Beruf. So schwer und
undankbar ein Job im Einzelnen auch sein mag, schließt
das nicht aus, dass man dennoch einen schönen Tag haben kann.
    Wenn Sie wirklich davon überzeugt sind, dass das für

jemanden, der an der Kasse in Ihrem Discounter arbeitet, unmöglich ist, dürfen Sie dort nicht einkaufen, sondern müssen vor dem Laden gegen diese Arbeitsbedingungen protestieren. Zum anderen bedeutet ein »schöner Tag« nicht zwangsläufig, dass man in Zeitlupe über eine Blumenwiese in den Sonnenuntergang läuft. Das werden vermutlich auch Sie nicht tun, sondern Ihre Einkäufe nach Hause tragen; ebenfalls kaum jemandes Lieblingsbeschäftigung. Dass das, was immer man auch tun wird, gut laufen möge, das wünscht man meines Erachtens mit der Wendung.

Zudem ist, von Kunden nicht nur als Maschine, sondern als Person wahrgenommen zu werden, etwas, was einem Mitarbeiter in einem Geschäft den Tag tatsächlich schöner machen kann. Dazu gehört auch, diesen schönen Tag gewünscht zu bekommen. Wenn es denn mehr als eine Floskel ist.

*Literatur:*

Anna Sam, Die Leiden einer jungen Kassiererin, Goldmann Taschenbuch Verlag, München 2010

Ulrike Sterblich, Tüte oder so was: Wie man als Kunde nervt, ohne es zu merken, Goldmann Taschenbuch Verlag, München 2010

Paul Fussell: Class: A Guide Through the American Status System, Touchstone, New York 1983

In diesem Buch, einem launigen Führer durch das amerikanische System von Status und Klassen, empfiehlt der amerikanische Kulturhistoriker Paul Fussell zunächst dem Kassierer in der Bank »You too« zu antworten, während er »Mind your own business« als zu unhöflich ablehnt. Am Ende aber meint er, die beste Antwort sei »Thank you, but I have other plans« mit einer sehr herablassenden Begründung: »Perfekt höflich, aber dennoch lässt es keinen Zweifel, dass Sie nicht in der sozialen Klasse dieses Menschen sind«.

*»Vor einigen Wochen habe ich per Anzeige einen neuen Mitbewohner für meine WG gesucht. Es waren einige Interessenten da, die sich die Wohnung angeschaut haben, ich habe mich für einen entschieden und den anderen per E-Mail oder SMS kurz abgesagt. Einer von ihnen schrieb daraufhin zurück, er wolle wissen, warum ich mich gegen ihn entschieden habe. Bin ich dazu moralisch verpflichtet? Gegenüber jemandem, den ich keine Stunde gesehen habe?«*     *Olga R., Stuttgart*

Zu meinen Grundauffassungen gehört, dass die Menschen von der Moral möglichst wenig in ihrer Freiheit beschnitten werden und deshalb auch möglichst frei in ihren Entscheidungen bleiben sollen. Das beinhaltet, sich für seine Entscheidungen möglichst wenig rechtfertigen zu müssen. Es soll so weit wie möglich jedermanns eigene Sache bleiben, wie er oder sie sein Leben führt und warum er oder sie es so führen will. Erst wenn berechtigte Interessen anderer ins Spiel kommen, muss man sich beschränken. Genau das sehe ich hier gegeben und bin deshalb der Meinung, dass Sie verpflichtet sind, Rede und Antwort zu stehen. Sie haben die Interessenten zu einer Besichtigung eingeladen, auch damit Sie sie kennenlernen können. Vollkommen zu Recht, schließlich werden Sie ja mit dem, der die Zusage erhält, unter einem Dach leben.

Wenn Sie aber die Entscheidung von der jeweiligen Person abhängig machen, bedeutet das, dass Sie durch die Vorstellungsrunde mit diesem Menschen in eine soziale Beziehung eingetreten sind. Und zwar nicht in irgendeine, sondern in eine speziell zu dem Zweck, sich ein Urteil über die Person bilden und am Ende über sie entscheiden zu können. Das aber verpflichtet dazu, demjenigen, wenn er es erfahren will, zumindest knapp mitzuteilen, warum Sie so und nicht anders entschieden haben. Sie führen in dem Moment nicht mehr nur ihr eigenes Leben, sondern machen etwas mit dem anderen. Verweigert man aber einem Menschen das Recht, zu erfahren, warum man etwas mit ihm macht, behandelt man ihn als reines Objekt. Man verweigert ihm die Anerkennung als gleichberechtigtes Subjekt und wertet ihn damit ab.

Das bedeutet nicht, dass derjenige mitbestimmen darf, Sie diskutieren müssen oder zu Objektivität und Vernunft verpflichtet wären. Sie können zum Beispiel jederzeit einen Mietinteressenten einzig und allein aus dem Grund ablehnen, weil Sie das Gefühl haben, es handle sich bei ihm um den Wiedergänger Ihrer verhassten Urgroßtante. Als Begründung reicht das, und wenn Sie ihm das sagen, ist er vielleicht auch ganz zufrieden damit, nicht einzuziehen.

*Literatur:*

Anton Leist, Ethik der Beziehungen, Akademie Verlag, Berlin 2005

Rainer Forst, Das Recht auf Rechtfertigung, Suhrkamp Verlag, Frankfurt am Main 2007

*»Mit einigen Kollegen hatte ich in meiner Ausbildung einen unmittelbaren Vorgesetzten, der uns das Du anbot, das ich in der Gruppe nicht ablehnen konnte. Just dieser Vorgesetzte wurde nun mein Chef. Welche Möglichkeit gibt es, das inzwischen sehr unangebrachte Du rückgängig zu machen?«*                      Friedhelm K., Ulm

In *Die Erben der Tante Jolesch* erzählt Friedrich Torberg eine Anekdote über den Vater des österreichischen Schriftstellers Fritz von Herzmanovsky-Orlando, der Sektionschef im k. k. Unterrichtsministerium gewesen war. Als solcher sollte er den neuen Minister Baron Gautsch begrüßen, auch deshalb, weil er, ebenso wie Gautsch, das exklusive k. k. Theresianum besucht hatte, eine Schule, deren Absolventen sich freundschaftlich verbunden blieben und weiterhin duzten. Deshalb wies Herzmanovsky in einer herzlichen Rede Gautsch auch auf die Verbindung als Theresianisten hin und sprach ihn mit Du an. Der neue Minister antwortete darauf jedoch ebenso knapp wie kühl und siezte Herzmanovsky demonstrativ, worauf, so Torberg, Herzmanovsky in dem darauf eintretenden betretenen Schweigen erneut das Wort ergriff: »Lieber Gautsch, gestatte mir noch einmal das trauliche Du. Leck mich im Arsch.«

Der Anekdote kann man meines Erachtens zweierlei entnehmen: zum einen, dass der Entzug des Du ein unfreundlicher, ja geradezu feindlicher Akt ist. Weil das

Du mit Freundschaft verbunden sei, schreibt der Linguist Heinz Leonhard Kretzenbacher, werde die Rückkehr zum Sie als schwere Beleidigung aufgefasst, »wodurch sich die ›Höflichkeitsform‹ Sie in eine ausgesprochene ›Unhöflichkeitsform‹ verwandelt«. Diese Rückkehr aber ist, das zeigt die Anekdote zum anderen, in Fällen wie dem Ihren nicht notwendig. Eben weil das Du als so beständig aufgefasst wird, kann man es, wenn es lebensgeschichtlich und nicht nur situativ, etwa am Berg oder feuchtfröhlich, entstanden ist, auch in Konstellationen beibehalten, in denen es mancher ansonsten als unangebracht empfindet.

Sie können natürlich Ihrem Chef gegenüber Ihre Bedenken offen ansprechen und sich darauf einigen, wieder zum Sie überzugehen. Einvernehmlich ist das jederzeit möglich, aber ich als Ihr Chef würde fragen: warum?

*Quellen:*

Friedrich Torberg, Die Erben der Tante Jolesch, dtv, München 1981, S. 210

Heinz Leonhard Kretzenbacher, Wulf Segebrecht, Vom Sie zum Du – mehr als eine neue Konvention? Luchterhand Literaturverlag, Hamburg und Zürich 1991, S. 59

Allgemein zum Duzen und Siezen und seiner Geschichte lesenswert: Duzen, Siezen, Titulieren. Zur Anrede im Deutschen heute und gestern, Vandenhoeck & Ruprecht, Göttingen, 2. Aufl. 1998

»Es ist mir unangenehm, Flugblätter oder Werbematerial in der Fußgängerzone aufgedrängt zu bekommen. Einerseits finde ich es unhöflich, das Flugblatt abzulehnen oder die anbietende Person gar zu ignorieren. Andererseits möchte ich, um unnötigen Müll zu vermeiden, keine Flugblätter annehmen, die ich nicht lesen möchte. Gibt es einen Ausweg, der weder die werbende Person beleidigt noch umweltbelastend ist und keine Rechtfertigungen von mir erfordert?«

Nina A., Dunedin, Neuseeland

Was für eine absurde Situation: Ein Geschäft oder eine Organisation möchten für etwas werben. Sie beauftragen einen Graphiker, der ein Flugblatt entwirft, und eine Druckerei stellt es her. Verteiler werden engagiert, die sich in die Fußgängerzone stellen und Ihnen das Werbematerial in die Hand drücken. Sie nehmen es, womöglich sagen Sie Danke. Sobald Sie um die Ecke sind, werfen Sie es ungelesen in den nächsten Papierkorb, von wo es direkt auf die Müllkippe wandert. Weil Sie nicht unhöflich sein wollen. Fast möchte ich Sie fragen, bei wie vielen Hilfsorganisationen und Tierschutzwerken Sie inzwischen Mitglied sind.

Was für ein Glück, dass die Zettelverteiler nicht Lexika verkaufen, sonst bräuchten Sie bald eine neue Wohnung für all die Bücher. Falls Sie nicht wegen eines freundlichen Anwerbers bei der Fremdenlegion landen. Ganz im

Ernst, die zentrale Überlegung an dieser Stelle lautet doch: Kann die Tatsache, dass ein Mensch sich von wem auch immer dafür bezahlen lässt, Ihnen etwas in die Hand zu drücken, Sie dazu verpflichten, das auch anzunehmen?

Darauf ist die Antwort einfach: natürlich nicht. Ebenso wenig wie Sie die Haustüre zu öffnen brauchen, wenn jemand bei Ihnen unerwünschte Werbung einwerfen möchte. Dabei bedarf es auch keiner langen Erklärungen. Ein einfaches »nein danke« ist der Situation völlig angemessen. Sie können auch »Vielen Dank, aber das möchte ich nicht« oder »Das brauche ich nicht« sagen.

Das ist weder unhöflich noch ignorieren Sie jemanden; vielmehr erkennen Sie ihn als Person an – zu mehr sind Sie in dem Moment nicht verpflichtet. Auf der Straße können Sie das auch mit einem Lächeln machen, wenn Ihnen der- oder diejenige sympathisch ist. Aber Sie müssen nichts annehmen, was Sie nicht wollen.

*»Mein Friseur spricht mit seinen Angestellten, die Mit-*
*glieder seiner Familie sind, in seiner Muttersprache, die*
*für Deutsche normalerweise ein Buch mit sieben Siegeln*
*ist. Für mich aber nicht, da ich einige Jahre in diesem*
*Land gelebt habe. Auch wenn es nur um Banalitäten*
*geht: Soll ich sie darauf hinweisen, dass sie nicht so un-*
*beobachtet sind, wie sie vielleicht denken?«*

*Wolfgang F., Köln*

Ihre Frage ist deshalb interessant, weil das Nachdenken
darüber mehrere Haken und Wendungen zutage bringt.

Zunächst ist Kommunikation ein zentraler Bestandteil
unseres Miteinanders. Daher ist es unschön, wenn in einem Raum Einzelne davon ausgeschlossen sind und nicht
verstehen können, was die anderen sprechen. Sie schreiben, dass es nur Banalitäten sind, das können Sie aber nur
wissen, weil Sie es verstehen. Wer die Sprache nicht versteht, weiß nicht, ob das Team nicht vielleicht gerade
über sie oder ihn spricht oder gar lästert. Das kann sehr
leicht ein ungutes Gefühl hinterlassen. Insofern ist die
Idee einer gemeinsamen Sprache als Basis einer Gesellschaft durchaus sinnvoll.

Andererseits wirkt es – ganz abgesehen von etwaigen
Überlegungen zur kulturellen Identität – trotz allem übertrieben, dass sich Familienmitglieder über das gestrige
Abendessen, die neue Freundin des Sohnes oder Organisa-
torisches des Geschäfts nicht in der Muttersprache ihrer

Familie unterhalten sollen, nur weil ein Fremder anwesend ist, der ohnehin nicht in das Gespräch involviert ist – und den oder die es auch nicht interessiert.

Daraus ließe sich schließen, dass Sie nicht von sich aus darauf hinweisen müssen, dass Sie das Gespräch verstehen. Zumal vor anderen in einer fremden Sprache zu sprechen denen gegenüber auch etwas Unhöfliches hat. Allerdings, und das wäre nun die letzte Wendung, hat mir das zu viel von »Das haben sie davon« oder »Geschieht ihnen recht«. Derartige Überlegungen sind mindestens ebenso trennend wie unterschiedliche Sprachen. Deshalb würde ich all diese Gedanken hintanstellen und Ihren Friseur freundlich lächelnd in seiner Muttersprache ansprechen. Dass Sie die sprechen und sein Land kennen, ist doch etwas Schönes und Verbindendes, warum sollte man das nicht zeigen?

*»Oft erlebe ich, dass in Gesprächen Meinungen geäußert oder Urteile gefällt werden, von denen ich ganz sicher weiß, dass sie falsch sind. Früher fühlte ich mich verpflichtet, solche Irrtümer richtigzustellen. Inzwischen habe ich gelernt: Die Betroffenen wollen sich vielfach gar nicht berichtigen lassen. Tut man es dennoch, gerät man leicht in Gefahr, für einen ›notorischen Besserwisser‹ gehalten zu werden. Soll man in solchen Fällen also besser schweigen?«* Jakob D., Köln

Das Nichtwissen kommt denknotwendig vor dem Wissen, weshalb Ihr Konflikt ein altbekannter sein müsste. Und tatsächlich findet sich in der altägyptischen Lehre des Ptahhotep bereits im Jahre 2350 vor unserer Zeitrechnung etwas dazu, was Ihnen recht gibt: »Was den Törichten angeht, der nicht hören will, / für den wird nichts getan. / Er sieht Weisheit im Nichtwissen, / Nützliches im Schädlichen. / Immer macht er allerlei Verkehrtes, / so dass er täglich deswegen getadelt wird. / Er lebt von dem, wovon man stirbt, / und seine Nahrung ist verdrehte Rede.«

Allerdings scheint mir das nur die halbe Wahrheit zu sein. Deshalb gereicht es der Lehre des Ptahhotep als Weisheitstext zur Ehre, dass sie an anderer Stelle auch Ihre Rolle beleuchtet: »Sei nicht eingebildet auf dein Wissen / und verlasse dich nicht darauf, dass du ein Weiser seist, / sondern besprich dich mit dem Unwissenden so gut wie mit dem Weisen. / Es gibt keinen Künstler, der seine Vollkommenheit erworben hat, / denn die Grenzen der Kunst werden nie erreicht.«

Oder, etwas drastischer ausgedrückt, in den Worten der Popband Die Ärzte: »Du weißt nicht nur alles, du weißt alles besser / Dein Verstand ist schärfer als ein Schweizer Messer, du bist / Klugscheißerman – und ich bin dein Fan / Mit deinen Geistesblitzen kann man Kathedralen erhellen / Man braucht dir noch nicht mal eine Frage zu stellen, du bist / Klugscheißerman.«

Was schließen wir aus dieser Fülle von Zitaten? Natürlich gibt es Fälle, in denen man andere auf Irrtümer oder Wissenslücken aufmerksam machen sollte: Zum Beispiel, falls man weiß, dass die Aufschrift Zyankali auf der im Internet gekauften Tablette nicht die polnische Übersetzung von Viagra ist. Immer dann, wenn anderen Schaden aus ihrem Nichtwissen droht, scheint mir ein Hinweis geboten. Tritt das hingegen in den Hintergrund und es geht mehr ums Korrigieren als solches, sollte man sich an eine alte Regel halten: »Reden ist Silber, Schweigen ist Gold«. Allerdings aus Überzeugung und nicht lediglich aus Imagegründen.

*Quellen:*

Die Lehre des Ptahhotep findet sich in:

Die Weisheitsbücher der Ägypter. Lehren für das Leben. Eingeleitet, übersetzt und erläutert von Hellmuth Brunner, Artemis & Winkler Verlag, Düsseldorf / Zürich 1988 / 1998
Die Zitate stehen auf den Seiten 130 (Zeile 485–492) und 111 (Zeile 46–51).

Die Ärzte, Besserwisserboy (Farin Urlaub, Intro: Gunter Gabriel), auf dem Album »Geräusch«, 2003

*»Menschen mit Handy nehmen Verabredungszeitpunkte nicht mehr sehr ernst, da man sie ja jederzeit verschieben kann. Ich habe kein Handy und muss von Freunden, wenn ich mich über Verspätungen beschwere, hören, ich sei selbst schuld, da ich mir kein Handy besorge. Ich finde, schuld sind die, die zu spät kommen – sollen sie doch ihre Zeit besser planen!«* Lars B., Ulm

In William Shakespeares Romeo und Julia ersinnt der Mönch Lorenzo einen Plan, um die beiden Liebenden gegen den Willen ihrer verfeindeten Familien zusammenzuführen: Julia soll einen Trunk einnehmen, der sie 42 Stunden lang in einen todesähnlichen Schlaf versetzt. Wenn sie dann in der Familiengruft der Capulets beigesetzt werde, könne Romeo – von Lorenzo benachrichtigt – sie von dort abholen. Leider kann Lorenzos Mitbruder Markus den Brief an Romeo wegen eines Pestausbruchs nicht überbringen, und Lorenzo selbst kommt zu spät. Romeo hält Julia deshalb wirklich für tot und schluckt selbst ein tödliches Gift. Als Julia kurz darauf wieder erwacht und ihrerseits Romeo tot daliegen sieht, ersticht sie sich mit seinem Dolch. Man erkennt sehr schnell: Für Romeo und Julia wären Handys ein Segen gewesen.

Was bedeutet das nun für Sie, wenn Verspätungsnachrichten nicht zugestellt werden können, weil Sie Mobiltelefone für eine moderne Variante der Pest halten? Ich bin ein großer Freund der Pünktlichkeit und stimme Ihnen zu, dass, wer unpünktlich ist, seine eigene Zeit über die der anderen stellt – unabhängig davon, ob man nun per Handy darüber informiert oder nicht. Wenn ich jedoch lese, wie im Rahmen einer Freundschaft Überlegungen über die Zuteilung von »Schuld« angestellt werden, umfängt ein leichtes Kräuseln meine Nackenhaare. Das Zusammenleben, speziell im Rahmen von Freundschaften, sollte man so gestalten, dass es für alle möglichst positiv und erfreulich verläuft, nicht danach, wer »schuld« ist.

Das Leben ist nichts Statisches und folgt anderen Gepflogenheiten in einer Gesellschaft, in der es mehr Handys als Menschen gibt und ihr Gebrauch deshalb absolut üblich ist. Es kann Sie natürlich niemand zwingen, ein Handy zu kaufen, Sie tragen auch keine Schuld, aber Sie können auch nicht erwarten, dass alle anderen ihr Leben danach ausrichten, und müssen mit den Folgen Ihrer Entscheidung leben.

*Quelle:*

William Shakespeare, The Most Excellent and Lamentable Tragedy of Romeo and Juliet, John Danter, London, First Quarto 1597

*»An der S-Bahn-Station hörte man vor einigen Tagen einen lauten Knall wie von einem Schuss. Aus einer Gruppe von älteren Schülern dann eine laute Stimme: ›Endlich ein Flüchtling weniger.‹ Allgemeine Heiterkeit in der Gruppe. Ich war entsetzt, weil die Schüler, wenn auch im Scherz, einen fiktiven Mord begrüßten. Hätte ich die Gruppe darauf ansprechen müssen?«*

Michael R., München

In seinem 1947 erschienenen Buch *LTI – Notizbuch eines Philologen* beschäftigt sich der Romanist Victor Klemperer mit der *Lingua Tertii Imperii*, der Sprache des Dritten Reichs. Klemperer vertritt darin die Auffassung, dass der Nazismus, wie er ihn nennt, die stärkste Wirkung auf die Menschen nicht durch die Reden und Ausführungen von Hitler und Goebbels erzielt habe, sondern durch die Sprache. »Worte können sein wie winzige Arsendosen: Sie werden unbemerkt verschluckt, sie scheinen keine Wirkung zu tun, und nach einiger Zeit ist die Giftwirkung doch da.«

In Ihrem Fall geht es nicht um die Verwendung von Worten, dennoch trifft Klemperers These hier meines Erachtens den Punkt: die schleichende Beeinflussung des Denkens durch Sprache und Kommunikation. Auch wenn es sich hier um eine fiktive Tötung und einen Scherz darüber handelt, enthält der Witz ein Körnchen Wahrheit bei dem, der ihn gerissen hat. Und seine offene

Verwendung und das Lachen darüber führen dazu, diese Idee ein klein wenig akzeptabler erscheinen zu lassen. Und vergessen zu lassen, dass es sich beim Kern des Witzes um den Tod eines Menschen handelt. Schlimmer noch: Indem der mögliche Tod in diesem Fall begrüßt und belacht wird, was bei einem Menschen allen Prinzipien der Moral und des Umgangs widerspricht, grenzt man eine Gruppe – hier die der Flüchtlinge – ab und aus, auch aus der Moralgemeinschaft der Menschen. Man spricht ihnen schleichend ab, Menschen zu sein.

Das ist unabhängig davon, wie man zu den Sachfragen der Flüchtlingspolitik steht. Die offen zu diskutieren halte ich für enorm wichtig für die Gesellschaft und auch für deren dauerhafte Bereitschaft zu helfen. Scherze wie der von Ihnen geschilderte aber sind kein Diskussionsbeitrag und keine Satire, sondern schlicht menschenverachtend. Deshalb sollte man ihnen widersprechen.

*Literatur:*

Victor Klemperer, LTI. Notizbuch eines Philologen, Reclam Verlag, Stuttgart, 23. Aufl. 2007
Das Zitat findet sich auf S. 26

*»Kürzlich habe ich einen Personalausweis gefunden und per Post dem Besitzer geschickt. Als Dank kamen eine Schachtel Merci und 20 Euro. Ich freue mich über den Dank, finde aber 20 Euro für eine Selbstverständlichkeit unangemessen, noch dazu ist das für den Absender vielleicht viel Geld. Kann ich es zurückschicken oder wäre das eine Kränkung?«* Eva U., Hamburg

Das Problem entsteht aus einem Konflikt zwischen dem konkreten Einzelfall und Ihren allgemeinen Überlegungen. Sie haben jemandem einen Gefallen getan, geholfen, und dieser Jemand hat sich bei Ihnen mit einem Präsent bedankt, das aus einem symbolischen Teil, der Schokolade, und einem relevanten finanziellen Teil, 20 Euro, besteht. Form und Umfang des Dankes zu bestimmen, steht in relativ weitem Ausmaß im Ermessen des Dankenden. Den so ausgewählten Dank ganz oder teilweise zurückzuweisen, kann der Dankende deshalb durchaus als kränkend empfinden. Das ist in manchen Kulturkreisen, in denen die Ehre im Vordergrund steht, noch ausgeprägter. Und erschwerenderweise deutet ein besonders großer Dank, den man gerade deshalb als unangemessen zurückweisen möchte, auf eine solche Kultur hin. Das spricht dagegen, im konkreten Einzelfall das Geld zurückzusenden.

Dem stehen Ihre allgemeinen Überlegungen gegenüber. Ihnen scheint es besonders darum zu gehen, dass Sie es als selbstverständlich ansehen, in dieser Weise zu helfen, also den Ausweis dem Besitzer zu schicken. In der Annahme des nicht nur symbolischen Danks liegt jedoch die Anerkenntnis, dass dieser Dank noch im Rahmen liegt, und das erklärt Ihre Handlung zu etwas Belohnungswürdigem. Was nicht weiter schlimm wäre, würde es nicht Ihrer Idee zuwiderlaufen, dass es etwas Selbstverständliches ist, etwas, das jeder stets machen sollte. Geld dafür anzunehmen widerspricht somit Ihrer allgemeinen Vorstellung vom richtigen Handeln.

Wenn Sie das Geld deshalb nicht behalten wollen, können Sie den Konflikt vielleicht offen auflösen, indem Sie es zwar zurücksenden, sich aber ausdrücklich für die Schokolade bedanken, sie als Dank anerkennen und zugleich auf Ihre allgemeine Erwägung auch im Sinne der Ehre hinweisen: Es wäre beschämend für Sie, für eine Selbstverständlichkeit Geld anzunehmen.

*Literatur:*

Josef Seifert (Hrsg.), Danken und Dankbarkeit. Eine universale Dimension des Menschseins, Carl Winter Universitätsverlag, Heidelberg 1992
Darin insbesondere:
Otto Friedrich Bollnow: Über die Dankbarkeit, S. 37–62

Georg Simmel, Dankbarkeit. Ein soziologischer Versuch, zuerst erschienen in: Der Morgen. Wochenschrift für deutsche Kultur, begründet und hrsg. von Werner Sombart zusammen mit Richard Strauß, Georg Brandes und Richard Muther unter Mitwirkung von Hugo von Hofmannsthal, (Berlin) 1. Jg., Nr. 19 vom 18. Oktober 1907, S. 593–598

Georg Simmel, Exkurs über Treue und Dankbarkeit, in: Soziologie. Untersuchungen über die Vergesellschaftung, Gesamtausgabe Bd. 11, Suhrkamp Verlag, Frankfurt am Main 1992, S. 642 ff., insbesondere 661 ff.

H. Reiner, Dankbarkeit, in: Joachim Ritter (Hrsg.), Historisches Wörterbuch der Philosophie, Bd. 2, Schwabe Verlag, Basel 1972, Spalte 9–11

*»Für Herbst planen wir eine Reise in die diesjährige Kulturhauptstadt 2016, nach Breslau. Nach dem Wahlausgang und den immer unerträglicher werdenden Aussagen der polnischen Politiker stellen wir diese Reise nun aber in Frage. Ich bin ehrenamtlich für Flüchtlinge tätig, Hetze gegen Flüchtlinge verletzt mich persönlich sehr. Was raten Sie uns?«*        *Susanne M., Nürnberg*

Trotz aller ihrer Schwächen halte ich die viel gescholtene Europäische Union für ein mittelgroßes Wunder. Staaten, die sich bis vor wenigen Jahrzehnten manchmal jahrhundertelang in einem Ausmaß bekriegt haben, für das »blutigst« schon fast einen Euphemismus darstellt, deren Verhältnis man zum Teil mit dem Begriff »Erbfeindschaft« verbal zementiert hatte, in denen es lange Zeit keine Generation gab, die nicht eifrig bereit war, aufeinander zu schießen, verbinden sich trotz oder gerade wegen dieser Geschichte freundschaftlich miteinander in einer Weise und Intensität, die kriegerische Auseinandersetzungen undenkbar machen. Nicht zuletzt dafür hat die EU den Friedensnobelpreis erhalten.

Die Europäischen Kulturhauptstädte sind Teil dieses Programms. Sie sollen das kulturelle Leben dieser Städte fördern, daneben aber auch die gemeinsame Geschichte und das gemeinsame Erbe Europas aufzeigen. Damit stärken sie einige der Säulen, auf denen das verbundene Europa ruht: die gemeinsame Kultur und individuelle Kontakte, das kulturelle und persönliche Kennenlernen über die alten Grenzen hinweg, eine Art Graswurzelbewegung oder besser »Grasverwurzelung« des europäischen Gedankens.

Gerade dann, wenn manche Länder durch Stimmungswandel oder Wahlergebnisse drohen, sich von Europa abzuwenden oder gemeinsame Werte aus dem Blick zu verlieren, gilt es, diese Säulen der Verbundenheit zu festigen. Ein Land ist nicht identisch mit seiner Regierungspartei. Es geht darum, direkt zu erleben, dass sich – jenseits aller technischen Fragen der europäischen Politik, über die man sehr wohl streiten kann – die Menschen und ihre Kultur viel näher sind, als manche sie glauben lassen möchten. Deshalb sollten Sie Ihren Besuch nicht absagen, auch wenn ich diesen Reflex persönlich sehr gut nachvollziehen kann.

*Quellen:*

Europäische Kommission
Creative Europe
European Capitals of Cultures
Online abrufbar unter:
https://ec.europa.eu/programmes/creative-europe/actions/capitals-culture_en

European Commission
European Capitals of Cultures
Fact Sheet
Online abrufbar unter:
https://ec.europa.eu/programmes/creative-europe/sites/creative-europe/files/library/ecoc-fact-sheet_en.pdf

# Dies und das

Über Verschiedenes

*»Ich hätte eine Frage: Kann ich mich entschuldigen?
Oder muss ich um Entschuldigung bitten? Immer wieder
liest oder hört man, dass sich jemand öffentlich entschuldigt, seien es Politiker oder Firmenchefs. Ich bin
aber der vielleicht altmodischen Meinung, dass man das
nicht selber tun kann. Was meinen Sie?«*

*Michael G., Freising*

Normalerweise bin ich dafür, Sprache so zu verwenden,
wie sie allgemein verwendet und verstanden wird, und
nicht zu sehr an Herkunft oder Wortlaut zu kleben. In
diesem Fall ist das jedoch schwierig.

Der Duden nennt als Bedeutung für »entschuldigen«
unter anderem: »jemanden wegen eines falschen Verhaltens o. Ä. um Verständnis, Nachsicht, Verzeihung bitten«. Dem Sprachgebrauch zufolge bedeutet »sich entschuldigen« also zumindest auch, darum zu bitten, und
wäre damit korrekt. Nur verleitet dieser Sprachgebrauch
zu sehr zur Auffassung, mit dem Aussprechen wäre alles
erledigt, im Sinne von: »Was wollen Sie denn, ich habe
mich doch entschuldigt!« Deshalb plädiere ich aus inhalt-
lichen Gründen dafür, zumindest wenn es um einen
selbst geht, auch sprachlich die Bitte um Entschuldigung
beizubehalten.

Moralphilosophisch unterscheidet man zwischen gött-
licher Vergebung und zwischenmenschlicher Verzeihung.
Eine Bitte um Vergebung wäre daher gegenüber der Öf-

fentlichkeit oder anderen Menschen fehl am Platze; leider gilt das aber auch für eine Bitte um Verzeihung, weil dieser Ausdruck zum einen heute leicht veraltet, zum anderen für kleinere Verstöße reserviert ist: »Bitte verzeihen Sie mir meine unpassende Kleidung.«

Es bleibt also nur die Bitte um »Entschuldigung«, wenngleich auch diese vom Wortlaut her problematisch scheint, denn ent-schuldigen, also von der sittlichen Schuld befreien, die man auf sich geladen, weil man schuldhaft etwas falsch gemacht hat, kann man weder sich selbst, noch kann es ein anderer. Inhaltlich stellt also die Bitte um Entschuldigung im Grunde eine Bitte um Verzeihung dar, womit die Bitte um Wiederherstellung des sozialen Gefüges, Nachsicht und den Verzicht auf Rache und Vergeltung gemeint ist. Daneben kann man ausdrücken, dass man das, was man falsch gemacht hat, bedauert: Es tut mir leid.

*Literatur:*

C. Bossmeyer, T. Trappe, Verzeihen, Vergeben, in: Joachim Ritter, Karlfried Gründer, Gottfried Gabriel (Hrsg.), Historisches Wörterbuch der Philosophie, Schwabe Verlag, Basel, Bd. 11, 2001, Spalten 1020–1026

R. Glei, M. Ritter, M. Laarmann, J. Köhler, A. Köpcke-Duttler / Red., Schuld, in: Joachim Ritter, Karlfried Gründer, Gottfried Gabriel (Hrsg.), Historisches Wörterbuch der Philosophie, Schwabe Verlag, Basel, Bd. 8, 1992, Spalten 1442–1472

Deutsches Wörterbuch von Jacob Grimm und Wilhelm Grimm, verzeihen, Bd. 25, Spalte 2512–2549, insbesondere: 2527 ff.

Hermann Lübbe, ›Ich entschuldige mich‹. Das neue politische Bußritual, Berliner Taschenbuch Verlag, Berlin, 2003

Vladimir Jankélévitch, Verzeihen? in: Ders., Das Verzeihen. Essays zur Moral und Kulturphilosophie, Suhrkamp Verlag, Frankfurt am Main 2004, S. 243–282, insbesondere: »Hat man uns um Verzeihung gebeten?«, S. 268 ff.

*»Wenn man in ein Restaurant geht, kommt unweigerlich der Ruf nach der Kellnerin oder dem Kellner. Doch wie meldet man sich nun elegant, ohne zu diskriminieren? Mit ›Fräulein‹? Oder unhöflich mit ›Hallo‹? Und warum sollte ich ›Entschuldigung‹ sagen, wenn ich bestellen möchte? Es gibt ja nichts zu entschuldigen. Uns fällt keine ideale Möglichkeit ein.«*                    *Martin F., München*

Die Anrede »Fräulein« für weibliche Servicekräfte im Restaurant halte ich für unangebracht – außer vielleicht bei gestandenen Exemplaren in bayerischen Traditionsgaststätten. Generell sieht man mittlerweile die Bezeichnung »Fräulein« eher als despektierlich an, schließlich würde man nur selten Herren mit dem entsprechenden »Männlein« titulieren. Davor, das bei Kellnern zu tun, möchte ich übrigens nachdrücklich warnen – ganz besonders bei gestandenen Exemplaren in bayerischen Traditionsgaststätten. Der ebenfalls traditionsreiche Watschenbaum könnte bedrohlich ins Wanken geraten.

Bei Benimmexperten kann man den Rat lesen, Kellner mit »Herr Ober« zu rufen, während es bei Damen leider keine passende Bezeichnung gebe und man sich, wenn möglich, am Namensschild orientieren solle. Letzteres setzt, neben vorherigem Kontakt und gutem Gedächtnis, gute Augen und gutes Licht voraus; andererseits bin ich kein Freund davon, Menschen mit ihrer Berufsbezeichnung anzusprechen.

Ich würde die Frage ganz einfach – ohne Etiketteregeln – auf der Grundlage respektvollen Umgangs beantworten. In diesem Sinne halte ich dezentes Winken oder Augenkontakt für das Beste, und nur sollte das nicht fruchten, tatsächlich »Entschuldigen Sie bitte!« oder »Verzeihung!«

Man sollte diese Wendungen nicht zu wörtlich auffassen, sondern nach ihrem Sinngehalt in der konkreten Situation. Und der ist beim Ruf nach dem Servicepersonal ganz einfach der Wunsch, Aufmerksamkeit in höflicher Form zu erregen – und sich gleichzeitig vielleicht sogar ein bisschen dafür entschuldigen, dass man zum unschönen Mittel des Rufens gegriffen hat. Wer will, kann es auch leicht ironisch sehen: Entschuldigen Sie bitte, dass ich Sie dazu nötige, sich um Ihre Gäste zu kümmern.

*»Ich bin Punk! Mein Erscheinungsbild und meine Welt-
sicht unterscheiden sich extrem vom Otto-Normal-Spie-
ßer – so dachte ich. Denn letztens habe ich mich ertappt,
wie ich auf einen etwa gleich alten Mann Mitte 20 mit
sehr langen Haaren und exorbitantem Vollbart abfällig
gedeutet habe. Bin ich überhaupt noch ein Punk? Oder
auf dem Weg ins intolerante Spießertum?«*

Knut B., Göttingen

Ist das eine Frage der Moral? Ich meine ja, schon allein
weil Sie Menschen in Kategorien einordnen und ihnen
Gattungsbezeichnungen geben, statt sie als Individuen zu
sehen. Das scheint mir problematisch.

Nun bezeichnen Sie sich ja selbst als Punk, das können
Sie natürlich tun, wenngleich sich unter dieser Bezeichnung die unterschiedlichsten Teilgruppen sammeln.
Wenn ich es recht verstehe, geht es beim Punk vor allem
darum, durch verschiedene, innerhalb einer bestimmten
Gruppe dann doch wieder ähnliche, gleiche oder sogar
festgelegte Merkmale und Verhaltensweisen, nach außen
hin andere Gruppen, im Idealfall die ganze sonstige Gesellschaft, auf jeden Fall aber die »Spießer« zu provozie-
ren und sich dadurch abzugrenzen.

Schwieriger ist die Einstufung eines Menschen als
»Spießer«, denn das tut man üblicherweise nicht selbst,
sondern andere tun es in abwertender Absicht. Es handelt
sich dabei, worauf die Marburger Soziologin Laura Kajetz-

ke hinweist, um eine Anrufung im Sinne der Sprechakttheorie, die jemanden, indem man ihn so bezeichnet, überhaupt erst zu dem macht. Das heißt, jemand mag Eigenschaften haben, die man gemeinhin mit Spießertum assoziiert, etwa Obrigkeitshörigkeit oder Intoleranz gegen Fremdes und Neues, Spießer wird er jedoch erst dadurch, dass ihm andere das Etikett ankleben.

Was folgt daraus in moralischer Hinsicht? Ob jemand nun Irokesenschnitt trägt, einen ordentlichen Seitenscheitel oder lange Haare und Vollbart, ist aus moralischer Sicht vollkommen gleichgültig. Wie und warum sich jemand in einer bestimmten Form darstellt, ist primär dessen Sache. Von allen Formen der Provokation ist die über das eigene Aussehen die moralisch unbedenklichste: Man muss nur wegsehen, um ihr zu entgehen. Anders verhält es sich damit, dass Sie auf den Mann mit den langen Haaren »gedeutet haben«. Damit sondern Sie ihn wegen seines Aussehens ab, nur weil er anders ist. Das beinhaltet Intoleranz, vermutlich aber auch eine Abwertung. Und das wiederum halte ich für schlecht – unabhängig davon, ob Sie Punk sind, auf dem Weg ins Spießertum oder nur den Wunsch verspüren, sich abzugrenzen.

*Literatur:*

Laura Kajetzke, Der Spießer. In: Stephan Moebius und Markus Schroer (Hrsg.), Diven, Hacker, Spekulanten. Sozialfiguren der Gegenwart, Suhrkamp Verlag, Berlin 2010

Judith Butler, Haß spricht. Zur Politik des Performativen, Suhrkamp Verlag, Frankfurt am Main 2006

Jürgen Teipel, Verschwende Deine Jugend. Ein Doku-Roman über den deutschen Punk und New Wave, Suhrkamp Verlag, Frankfurt am Main 2001

*»Ich bin Agnostiker und aus der Kirche ausgetreten. Wie soll ich mich verhalten, wenn ich bei Christmetten oder Hochzeiten zu einer (katholischen) Messe eingeladen bin? Aufstehen, knien, beten, um die Einladenden nicht zu enttäuschen? Oder unbeteiligt die Zeit ›absitzen‹ und sich vielleicht auch etwas fehl am Platz fühlen?«*

Johann D., München

Vor einigen Jahren habe ich schon einmal eine ähnliche Frage beantwortet, bei der es aber nur um das Aufstehen zu Gebeten bei Hochzeiten ging. Damals habe ich geantwortet, dass man aus Respekt gegenüber den Einladenden und der Zeremonie, für die sie sich entschieden haben, aufstehen sollte. Ja, man könnte sich sogar überlegen, ob man für einen Gott aufstehen sollte, an den man nicht glaubt, weil man sich schließlich wegen einer religiösen Zeremonie in ein Gotteshaus begeben und diesen Gott somit »zu Hause« aufgesucht hat.

Bei Ihnen geht es noch einen Schritt weiter, und der ist interessant: Kann der Respekt auch gebieten zu knien, wenn die Zeremonie es vorsieht und die anderen Anwesenden es tun? Wo liegt der Unterschied? Durch das Niederknien erkennt man die höhere Stellung desjenigen an, vor dem man kniet. In der Religion die der jeweiligen Gottheit, gegebenenfalls auch die ihrer Vertreter. Im weltlichen Bereich kennt man es beispielsweise vom Kniefall Kaiser Barbarossas vor Heinrich dem Löwen in

Chiavenna im Jahre 1176. Steigerungsformen sind der Fußfall, zu Füßen des Höheren auf die Knie zu fallen, die Proskynese, die Verneigung oder das Sich-zu-Füßen-Werfen mit einem Kuss in Richtung des Höheren, die Prostratio, das vollständige Niederwerfen auf dem Boden, oder der Kotau, das Sich-Niederwerfen vor dem chinesischen Kaiser.

Allen gemein ist die Idee der Unterwerfung, die man schon der Erzeugung des Höhenunterschieds entnehmen kann. Im Gegensatz zum Aufstehen, das ja gerade gleiche Höhe, Augenhöhe herstellen soll, ist das Niederknien keine Geste des Respekts oder der Achtung, sondern eine der Unterwerfung oder Demut. Und die kann man gegenüber einem Gott, an den man nicht glaubt, ebenso wenig verlangen, wie zu ihm zu beten. Deshalb: aufstehen ja, knien und beten nein.

Mehr zum Verhältnis von Religion und Höflichkeit siehe das Kapitel »Der Kniefall. Höflichkeit und Religion« in: Rainer Erlinger, Höflichkeit. Vom Wert einer wertlosen Tugend, S. Fischer Verlag, Frankfurt am Main 2016, S. 223–239

Die frühere Frage zum Aufstehen bei Hochzeiten: Süddeutsche Zeitung Magazin, Heft 19/2004, abgedruckt in: Rainer Erlinger, Gewissensfragen, Süddeutsche Zeitung Edition, München 2005, S. 239 f.

»*Neulich war ich im Finanzamt und zog, wie üblich, eine Wartenummer. Ich hatte die Wartezeit aber unterschätzt und musste weg zu einem anderen Termin. Sollte ich in diesem Fall die gezogene Nummer jemandem schenken, der sich darüber freut – während die anderen sich ärgern, die Nummer nicht bekommen zu haben? Oder sollte ich die gerechte Reihenfolge wahren und meine Nummer verfallen lassen, auch wenn dann alle warten müssen, solange meine Nummer über dem Schalter aufleuchtet?*«*

Gerda M., Frankfurt am Main

Ihre Betrachtungsweise ist utilitaristisch, sie argumentieren also nach der Nützlichkeitsethik. Demnach überlegen Sie, welche der beiden Möglichkeiten – die Nummer jemandem zu geben, der dann vorgezogen wird, oder sie verfallen zu lassen – allen Beteiligten mehr Nutzen bringt. Dabei stellen Sie auf das Glück des einen Beschenkten ab, im Vergleich zum Ärger, also dem Unglück der anderen, und versuchen eine Summe zu bilden. Korrekterweise müssten Sie zusätzlich – wenn Sie Glück oder Unglück aller Beteiligten erfassen wollen – auch Ihr Befinden berücksichtigen: Vielleicht fühlen Sie sich gut, wenn Sie jemandem mit der Nummer eine Freude machen können, oder freuen sich für ihn. Das alles zu verrechnen scheint schon schwierig, und vieles davon bleibt reine Vermutung. Noch schwieriger wird es jedoch, wenn Sie auch die Zeit in die Überlegung einbeziehen wollen.

Wie groß sollte man den Nutzen ansetzen, den alle Wartenden haben, wenn man die paar Sekunden einspart, die bis zum Aufruf der nächsten Nummer vergehen, weil Sie sich nicht gemeldet haben? Und wie sieht es mit dem aus, was Sie »die gerechte Reihenfolge wahren« nennen? Manche moderne Utilitaristen wollen auch Gerechtigkeitsaspekte bei der Bemessung der Glückssumme berücksichtigen, weil ein Verstoß gegen das Gerechtigkeitsempfinden bei den meisten Menschen Empörung hervorrufe. Nur wie viel?

Dass sich auf all das eindeutige Antworten finden lassen, bezweifle ich und würde deshalb lieber woanders ansetzen: bei der Frage, was eine Wartenummer eigentlich ist. Wenn man sie verschenkt, behandelt man sie wie ein Wertpapier, das eine Eintrittsberechtigung darstellt. Meiner Ansicht nach ist sie das aber nicht, sondern lediglich eine Merk- und Ordnungshilfe für das Hauptprinzip: der Reihe nach – dem Eintreffen entsprechend – aufgerufen zu werden. Mit anderen Worten: Die Wartenummer begründet keinen Platzanspruch, sondern dient nur seinem Nachweis, der Jurist würde sagen, sie ist nicht konstitutiv, sondern deklaratorisch. An seinem wirklichen Warteplatz gemäß der »gerechten Reihenfolge« ändert sich somit für den, der die Nummer geschenkt bekommt, nichts, es sieht nur anders aus. Die Nummer verfallen zu lassen ist also gerechter, das Weitergeben willkürlich. Nichtsdestotrotz hat es den Charme, den jede nette Geste hat.

*Literatur:*

Otfried Höffe (Hrsg.), Einführung in die utilitaristische Ethik, Francke Verlag, Tübingen 1992

Zu Entwicklungen des Utilitarismus:

Siehe das Kapitel »Utitlitarismus« in: Herlinde Pauer-Studer, Einführung in die Ethik, Facultas Verlag, Wien 2003, S. 31 ff.

Sowie:

Detlef Horster, Ethik, Reclam, Stuttgart, 2009, S. 40 ff.

Dieter Birnbacher, Utilitarismus / Ethischer Egoismus, in: Marcus Düwell / Christoph Hübenthal / Micha H. Werner (Hrsg.), Handbuch Ethik, Verlag J. B. Metzler, Stuttgart 2002, S. 95 ff.

Lesenswert sind auch:

Bernward Gesang, Eine Verteidigung des Utilitarismus, Reclam, Stuttgart 2003

Julian Nida-Rümelin, Kritik des Konsequentialismus, Oldenbourg Wissenschaftsverlag, München, 2. Aufl. 1995

Ronald Dworkin, Taking Rights Seriously, Harvard University Press 1977, deutsch: Bürgerrechte ernst genommen, Suhrkamp Verlag, Frankfurt am Main 1984, S. 382 ff.

Amartya Sen / Ronald Dworkin (Hrsg.), Utilitarianism and Beyond, Cambridge University Press 1982

Bernard Williams, A critique of utilitarianism, in: J.J.C. Smart, Bernard Williams (Hrsg.) Utilitarianism. For and Against, Cambridge University Press 1973; deutsch: Bernard Williams, Kritik des Utilitarismus, Herausgegeben und übersetzt von Wolfgang R. Köhler, Verlag Vittorio Klostermann, Frankfurt am Main 1979

*»Darf man elementar wichtige Entscheidungen – zum Beispiel die Wahl des Studiengangs – auch auslosen oder -würfeln oder ist das unmoralisch, weil unüberlegt und dumm?«*

Es scheint, als würden Sie extreme Gegensätze verknüpfen: elementar wichtige Entscheidungen, die das weitere Schicksal bestimmen, und das fast schon kindische Ziehen von Losen. Nur fällt dabei etwas auf: In beiden Fällen verwendet man das Wort »Los«. Für den Zettel, den man zufällig aus der Trommel zieht, genauso wie für das Schicksal, etwa im Schlusssatz der Schlegel-/Tieck'schen Übersetzung von Shakespeares Romeo und Julia: »Denn niemals gab es so ein herbes Los / Als Juliens und ihres Romeos.«

In der Tat kann man das Leben als einzige große Lotterie auffassen. Die mit einer Mehrfachziehung beginnt: zunächst, welche Erbinformationen bei der sogenannten Reifeteilung in die Ei- und Samenzellen gelangen und dann, welche Samenzelle die Eizelle befruchtet. Niemand hat sich ausgesucht, wie gesund oder krank, mit welchem Aussehen, welcher Intelligenz oder welchem Durchhaltevermögen er oder sie auf die Welt kommt. Auch nicht, in welcher Familie, ob überhaupt in einer Familie, in welchem Land und mit welchen finanziellen Mitteln ausgestattet. Und wenn man das Pech beklagt, das jemand hat, der vom Blitz oder einem herabfallenden Dachziegel erschlagen oder von einem Auto überfahren wird, muss man umgekehrt sehen, dass jeder von uns jeden Tag laufend das Glück hat, nicht gerade dort zu stehen, wo etwas herunterfällt oder ein Fahrer nicht aufpasst. Ähnlich, wenn man an eine lenkende höhere Macht glaubt. Denn dann bestimmt diese Macht nun einmal alles, das weitere Leben ebenso wie die Würfel, die Münze oder das Los. Weshalb etwa Thomas von Aquin das Los als »sors consultatoria« für zulässig hielt, weil man mit ihm Gott konsultieren, um Rat fragen und dann nach seinem Willen handeln kann.

Nun bin ich in theologischen Gefilden nicht zu Hause und würde für die Bezeichnung »sors consultatoria« gerne eine weltliche praktische Lesart vorschlagen: das Los als Hilfsmittel, das eigene Innere zu konsultieren, zu erkennen, was man wirklich will oder nicht will. Am deutlichsten funktioniert das, wenn das Los anders ausfällt, als man es insgeheim möchte. Und falls es wirklich keinerlei Präferenz gibt, ist die Zufallswahl immer noch besser als die Entscheidung unendlich aufzuschieben. Losen so zu verwenden halte ich für klug; dumm hingegen wäre, sich dann, wenn man es schließlich dank des Loses besser weiß, an das gegenteilige Los gebunden zu fühlen. Oder wie ein kluger englischsprachiger Freund formulierte: »Toss the coin but don't rely on the answer. (Wirf eine Münze, aber vertraue nicht der Antwort.)«

*Literatur:*

Leander Petzold, Magie. Weltbild – Praktiken – Rituale, Verlag C. H. Beck, München 2011, dort das Kap. III 3. Los- und Würfelbücher

Thomas von Aquin, Summa theologica, II.2 qu. 95,8

Dank an John Palmer für die prägnante Formulierung zum Münzwurf.

*»Vor einem Konzert hatten sich lange Schlangen vor den*
*Toiletten gebildet. Bei den Damen etwa 50 Frauen und*
*bei den Herrenkabinen ebenfalls rund 30 Frauen. Hätte*
*ich mich als Mann, wenn ich eine Kabine brauche, dort*
*hinten anstellen müssen (und so den Konzertbeginn ver-*
*passen) oder, da es ja die Herrentoilette war, an den Da-*
*men vorbei nach vorne gehen dürfen?«*

*Tobias K., Rosenheim*

Die geschlechtsspezifischen anatomischen Unterschiede
der äußeren Harnorgane schlagen sich bei Männern in
einem logistischen Vorteil beim Wasserlassen nieder. Sie
können das, speziell im öffentlichen Bereich, meist an
einfacheren Einrichtungen, im Stehen und schneller er-
ledigen. Derartige Unterschiede sind, in den Worten des
amerikanischen Philosophen John Rawls, auch dann,
wenn sie Vor- und Nachteile bieten, weder gerecht noch
ungerecht, sondern »einfach natürliche Tatsachen«. Jedoch: »Gerecht oder ungerecht ist«, so Rawls, »die Art,
wie sich Institutionen angesichts dieser Tatsachen verhalten.« Wenn also Institutionen, hier in Form der Kon-
zertveranstalter oder der Behörden, die Bauvorschriften
für Veranstaltungsorte erlassen, die Anzahl der Toiletten
so verteilen, dass Frauen wesentlich länger warten müssen als Männer, ist das ungerecht.

Die Aufrechterhaltung der strikten Trennung nach
Herren- und Damentoiletten perpetuiert diese Ungerech-

tigkeit und ist – außer bei Pissoirs – nur begrenzt sinnvoll, da, wer eine Kabine aufsucht, sich für gewöhnlich nicht im Vorraum entblößt, sondern hinter der verriegelten blickdichten Türe. Noch dazu haben hier die Damen, deren Schutz häufig als Begründung für getrennte Toiletten dient, selbst – halb freiwillig, halb notgedrungen – auf diesen Schutz verzichtet und dank ihrer Vielzahl kaum Übergriffe zu befürchten.

Ich kann keinen triftigen ethischen Grund erkennen, warum Frauen wegen ihres Geschlechts ein größeres Risiko tragen sollten, den Konzertbeginn zu verpassen, als Männer. Deshalb, auch wenn es aus männlicher Sicht betrüblich erscheinen mag: Sich hier als Mann auf seinen unverdienten und ungerechten institutionellen Vorteil zu berufen und an den wartenden Damen in der Herrentoilette vorbei nach vorne zu gehen, mag zwar formal richtig sein, inhaltlich ist es falsch.

*Literatur und Leseempfehlungen:*

John Rawls, Eine Theorie der Gerechtigkeit, Suhrkamp Verlag, Frankfurt am Main 1979, S. 123

Zur Soziologie der öffentlichen Toiletten und den Problemen, sie zu benutzen:

Julie Beck, The Private Lives of Public Bathrooms. How psychology, gender roles, and design explain the distinctive way we behave in the world's stalls, The Atlantic Magazine, 16. 4. 2014, online abrufbar unter: http://www.theatlantic.com/health/archive/2014/04/the-private-lives-of-public-bathrooms/360497/

Terry S. Kogan, How did public bathrooms get to be separated by sex in the first place?, The Conversation, 27. 5. 2016, online abrufbar unter: https://theconversation.com/how-did-public-bathrooms-get-to-be-separated-by-sex-in-the-first-place-59575

»Zum 40. Geburtstag habe ich meinem Mann fürs Schlafzimmer zwei stilvolle, nicht pornographische Aktfotos von mir geschenkt, die er seinem Bruder und dessen Frau zeigte. Die fanden sie so toll, dass sie nun, ohne mich zu fragen, das gleiche Bild im selben Raum nachstellen. Ich finde das unmöglich, die anderen verstehen die Aufregung nicht. Was meinen Sie?«

Maria S., München

Ihr Schwager und seine Frau haben etwas nachgemacht. Das ist nicht toll, aber auch nicht so ungewöhnlich. Die beiden haben es aber derart eins zu eins umgesetzt, dass man sagen könnte, sie haben die Bilder reproduziert. Dieses Stichwort lässt aufhorchen. Man denkt, auch wenn es keine Reproduktionen im technischen Sinne sind und Ihre Aktfotos vermutlich auch keine echten Werke der Kunst, an einen bekannten Text: Walter Benjamins *Das Kunstwerk im Zeitalter seiner technischen Reproduzierbarkeit*.

Darin stellt Benjamin zunächst fest, dass Kunstwerke immer reproduzierbar waren und auch reproduziert wurden, von Schülern, von Meistern, oder um Gewinn zu erzielen: »Was Menschen gemacht hatten, das konnte immer von Menschen nachgemacht werden.« Diese Reproduktionen hätten aber, so Benjamin, eines niemals: das einmalige Dasein des Kunstwerks. Zu dem gehörten die Veränderungen der physischen Struktur im Laufe der Zeit und die wechselnden Besitzverhältnisse, bei Ihnen wäre das, dass Sie die Bilder Ihrem Mann geschenkt haben. Interessanterweise ergänzt Benjamin in einer Fußnote: Das umfasse noch mehr, bei der Mona Lisa zum Beispiel die Art und Zahl der Kopien, die im Laufe der Jahrhunderte von ihr gemacht worden sind.

Das ist der Punkt. Zwar sind – ohne Ihnen nahetreten zu wollen – Ihre Aktbilder vermutlich nicht ganz mit der Mona Lisa zu vergleichen, aber es sind Unikate mit ausreichend Strahlkraft, um nachgeahmt zu werden. Deshalb gehört nun die Tatsache, dass, wie und von wem sie nachgeahmt wurden, zum »einmaligen Dasein« dieser Bilder. Das können Sie positiv nehmen, als Kompliment, müssen es aber nicht – speziell bei etwas so Persönlichem wie Aktbildern. Ihr Schwager und seine Frau haben sich durch das Nachstellen in Ihre Bilder und damit in Ihr Schlafzimmer geschlichen. Und dort wollten Sie vermutlich mit Ihrem Mann alleine bleiben.

*Literatur:*

Walter Benjamin, Das Kunstwerk im Zeitalter seiner technischen Reproduzierbarkeit, Suhrkamp Verlag, Frankfurt am Main 1963, S. 11 f., Fn. 2

»Vor kurzem wurde in Augsburg ein Polizist im Dienst erschossen. Das finde ich schrecklich, er und seine Familie tun mir sehr leid. Über den Mord wurde überall berichtet, auf Titelseiten, die Spieler des FC Bayern trugen Trauerflor deswegen. Nur: Jedes Jahr werden in Deutschland Hunderte von Menschen ermordet, ohne dass das größeres Aufsehen erregt. Und Polizisten haben sicher ein höheres Risiko, getötet zu werden, das gehört zu ihrem Beruf, den sie freiwillig ergriffen haben. Ist es nicht seltsam, den Tod eines Menschen mehr zu bedauern, weil er eine bestimmte Position hatte?«

*Rainer S., München*

Die Trauer um den Tod von Menschen, die man nicht kannte, ist ein eigenartiges Phänomen. Viele Millionen haben etwa um Prinzessin Diana oder den Fußballer Robert Enke getrauert, ohne ihr oder ihm jemals begegnet zu sein. Mit ein Grund liegt sicherlich in der medialen Präsenz des oder der Toten und des Todes. Ein Tod, über den ausführlich berichtet wird, speziell, wenn man den Toten mit einem Gesicht und einer Biographie verbindet, geht emotional näher als ein anonymer Bericht über das Ereignis oder gar eine statistische Zahl. Dies dürfte auch hier der Fall sein.

Wie aber steht es um die Tatsache, dass für Polizisten das Risiko zu ihrem Beruf gehört und sie das Risiko freiwillig eingegangen sind? Im Hinblick auf die Person, den

Menschen, der getötet wurde und dessen Tod man bedauert, darf dieser Aspekt keinen Unterschied machen. Im Hinblick auf seinen Beruf und die Übernahme der Gefahr meines Erachtens schon – wenn auch eher umgekehrt, als es bei Ihnen anklingt.

In seinem Mammutwerk *Gewalt* zeigt der Evolutionspsychologe Steven Pinker auf, dass die Gewalt in den letzten Jahrhunderten massiv zurückgegangen ist. So sei die Mordrate in den europäischen Ländern seit dem Mittelalter von durchschnittlich 40 pro 100 000 Einwohner auf weniger als ein Dreißigstel des damaligen Werts gefallen. Pinker führt das unter anderem auch auf das erstarkte und akzeptierte Gewaltmonopol des Staates zurück und damit auf die Polizei. Bei aller gesunden und teilweise berechtigten Skepsis gegenüber dem Staat, seiner Gewalt und möglichen Exzessen bedeutet das, dass die Polizisten die Gefahr stellvertretend für die Bürger übernehmen, anders ausgedrückt: ihren Kopf hinhalten. Ein Polizist mag die Aufgabe und damit das Risiko freiwillig übernommen haben, dennoch steht jeder Polizist, der im Dienst getötet wird, im weitesten Sinne – weil er das Gewaltmonopol repräsentiert und ermöglicht – anstelle der vielen, die deshalb nicht ermordet werden. Damit aber kann man die besondere Trauer um ihn als Dankbarkeit dafür auffassen, dass er diese Gefahr auf sich genommen hat. Überdies lässt sich der Angriff auf den Polizisten aber auch als Angriff auf den Staat und damit die Gemeinschaft begreifen und die gemeinschaftliche Trauer – abgesehen vom Ereignischarakter – als Reaktion darauf.

*Literatur:*

Steven Pinker, Gewalt. Eine neue Geschichte der Menschheit, S. Fischer Verlag, Frankfurt am Main 2011

*»Vor einiger Zeit war mein Friseur im Urlaub. Daher ließ ich mir von einem seiner Kollegen die Haare schneiden. Der Schnitt war ausgezeichnet, der etwas andere Stil gefiel mir deutlich besser als der gewohnte. Nun ist mein Friseur, bei dem ich schon lange Stammkundin bin, wieder da, und ich gehe zu ihm, obwohl ich viel lieber zu seinem Kollegen möchte. Ich habe schon überlegt, ob ich mir an einem freien Tag meines Friseurs einen Termin bei seinem Kollegen hole, um meinem schlechten Gewissen aus dem Weg zu gehen. Was würden Sie in dieser Situation tun?«*                    *Carla F., Stuttgart*

Eigenartig. Das Haupthaar scheint deutlich häufiger in Gewissensfragen aufzutauchen, als man gemeinhin Moralprobleme dort vermuten würde. Darunter einer der Klassiker schlechthin: Welches Ausmaß an Ehrlichkeit erfordert die Antwort auf die Frage »Wie findest du meine neue Frisur?« Und nun eine neue Variante unter dem Stichwort »Figaros Freizeit«. Noch öfter begegnet man Friseuren wirklich nur mehr auf der Opernbühne.

Andererseits könnte diese eigenartige Ballung auch einen Hinweis auf den noch ungeklärten Sitz des Gewissens liefern. Nicht im Gehirn sollten die Neurobiologen nachsehen, sondern darüber. Als Sitz von Fähigkeiten sind die Haare immerhin schon lange bekannt – aus für Moralfragen höchst legitimierter Quelle: Der biblische Samson trug, wie man im Buch der Richter nachlesen kann, seine Kräfte in den Locken. Auch Immanuel Kants Bild vom »inneren« Richter sollte der Beheimatung über der Schädeldecke nicht entgegenstehen, der Königsberger war schließlich Philosoph und nicht Anatom.

Zudem böte die Neuverortung im Schopf auch eine höchst pragmatische Lösung Ihres Problems: So wie Samson seine Kraft verlor, als Delila ihm die Haare scheren ließ, müssten Sie nur bei Ihrem neuen Friseur einen Kurzhaarschnitt ordern und mit den Locken fiele auch jegliches schlechte Gewissen von Ihnen ab.

Schwierig wird es jedoch, wenn wir uns täuschen oder Ihnen kurze Haare nicht stehen. Deshalb würde ich entweder meinen alten Friseur bitten, den Schnitt von seinem Kollegen zu übernehmen oder mit einem charmanten Hinweis à la »Jetzt darf einmal ein anderer ran« wechseln. Denn auch wenn Ihr Gewissen nicht dort sitzen sollte, bleibt die Frisur Teil Ihrer Persönlichkeit. Außerdem haben Sie nur einen Kopf, Ihr Friseur hat dagegen bis zu Ihrem nächsten Besuch ein paar hundert Köpfe frisiert.

*Quellen:*

Die Bibel, Buch der Richter, 16,4–22

Immanuel Kant, Metaphysik der Sitten, AA 6, 438
Kant bezieht sich dabei auf den Apostel Paulus, Römer 2,15.

»Die Hochzeit des Figaro« oder »Figaros Hochzeit«, Originaltitel »Le nozze di Figaro«, Oper von Wolfgang Amadeus Mozart, Libretto von Lorenzo da Ponte

»Der Barbier von Sevilla oder die nutzlose Vorsicht«, Originaltitel »Il barbiere di Siviglia ossia L'inutile precauzione«, Oper von Gioacchino Rossini, Libretto von Cesare Sterbini

*»Meine Schwester hat sich durch ›Sich-hübsch-Anziehen‹ und persönliches Vorsprechen beim Studentenwerk eines der knappen Wohnheimzimmer verschafft, obwohl sie auf der Warteliste weit unten stand. Sie jubelte und hielt sich für besonders clever. Ich kann ihre Freude nicht recht teilen, denn ich muss an die Person denken, die das Zimmer nun nicht erhalten hat.«* Jörg S., München

Man könnte hier mit »betrogenen Betrügern« argumentieren. Ihre Schwester hat durch das, was Sie mit »Sich-hübsch-Anziehen« umschreiben, offenbar den Spieß umgedreht. In den derzeit breit diskutierten Fällen Harvey Weinstein & Co. haben diejenigen, die über Entscheidungsmacht verfügen, diese Macht zu Lasten derer, die sie sexuell begehren, ausgenutzt. Ihre Schwester scheint nun umgekehrt die Attraktivität, die sie durch »hübsch Anziehen« erreicht, im persönlichen Kontakt mit einer entscheidenden Person dazu zu nutzen, entgegen dem klassischen Machtgefälle ihre Wünsche durchzusetzen. Nicht sie als Frau wird wegen ihres Aussehens missbraucht, sondern sie gebraucht ihr Aussehen, missbraucht die männliche Begierde. Was mehr als berechtigt erscheint: Wenn schon die Gesellschaft so funktioniert oder besser gesagt so dysfunktional ist, dann ist es mehr als berechtigt, diese Dysfunktionalität zugunsten der durch sie Benachteiligten auszunutzen. Um die Betrüger zu betrügen.

Die Sache hat nur zwei große Haken: Das eine ist, dass man auch mit dem Ausnutzen der Dysfunktionalität deren Strukturen eher festigt. Eine Frau, die ihre Wünsche von ihrem Aussehen unterstützt vorträgt, bestätigt das Prinzip der Einbeziehung äußerer Reize bei Entscheidungen, eben die Haltung, die dem Missbrauch zugrunde liegt. Das soll keineswegs heißen, Frauen seien selbst daran schuld, es werden hier nur die problematischen Mechanismen nicht angegriffen, sondern eher gestärkt. Das andere sprechen Sie an: Den Vorteil kann nur erlangen, wer bereit oder in der Lage ist, sich »hübsch« zu machen. Nicht aber, wer das ablehnt oder nicht den gängigen Schönheitsidealen entspricht oder entsprechen will. Deshalb kann man die Idee Ihrer Schwester, obwohl sie Charme hat, nicht gutheißen.

*Quellen:*

Das Zitat »betrogene Betrüger« stammt aus der berühmten Ringparabel aus Gotthold Ephraim Lessings Drama »Nathan der Weise« von 1779, in der Nathan sagt:

»Oh, so seid ihr alle drei
Betrogene Betrüger! Eure Ringe
Sind alle drei nicht echt. Der echte Ring
Vermutlich ging verloren.«

»Wir haben seit geraumer Zeit eine Diskussion. Meine Frau steckt in Kaffeebars ihre und meine nicht benutzten Zuckerbeutelchen ein. Sie trinkt Kaffee ohne Zucker, ich brauche nur ein Tütchen. Wir nehmen also bis zu drei Beutel mit, um sie dann später zu Hause unseren Gästen zum Kaffee zu servieren. Gehört der gereichte Zucker uns oder ist das Diebstahl?«    Helmut R., Nürnberg

Ich kann Sie beruhigen. Um Ihre Frage zu beantworten, habe ich mit Wirten gesprochen, die Kaffee mit diesen Zuckerbeuteln servieren. Sie wiesen die Idee, dass es Diebstahl sein könnte, ausdrücklich zurück – und sie wären es ja, zu deren Lasten er ginge. Das mag auch daran liegen, dass, wie ich erfahren habe, die Kosten bei entsprechendem Großeinkauf bei unter einem Cent pro Packung liegen. Und natürlich »preistechnisch einkalkuliert« seien. Mit anderen Worten: Sie haben sie mitbezahlt. Andererseits haben meine Recherchen ergeben, dass die meisten Wirte unverbrauchte Zuckerbeutel üblicherweise nicht wegwerfen, sondern wieder servieren. Und dass dies zulässig ist, solange die Beutel nicht verschmutzt oder beschädigt sind. Das ist dann auch gut für die Umwelt.

Ihre Frage, ob das Diebstahl ist, kann man leicht verneinen. Das beantwortet aber noch nicht die Frage, ob es richtig ist, den Zucker mitzunehmen. Und dabei würde ich wieder einmal den Schwerpunkt weniger auf die

Handlung, das Einstecken, sondern auf die zugrundeliegende Haltung legen. Alles mitzunehmen, was man darf, nur weil man es darf, ist kein schöner Charakterzug, sondern ein schlechter.

Deshalb würde ich unterscheiden: Den ungebrauchten Zucker allein deshalb mitzunehmen, weil Sie ihn – zumindest kalkulatorisch – mitbezahlt haben, bewegt sich in Richtung Raffgier oder Geiz und wäre infolgedessen abzulehnen. Geht es hingegen um eine Art Sammeln der oft schön gestalteten Tütchen und das Spiel, sie Gästen zu Hause wie in einem Café vorzusetzen, spricht wenig dagegen, das zu tun. Im Gegenteil, damit verlängern Sie gewissermaßen den Genuss der Tasse Kaffee von der Kaffeebar bis nach Hause. Und darum, um Genuss, sollte es bei Kaffee und Lokalbesuchen ja vor allem gehen.

*Gesetzliche Grundlagen:*

Verordnung (EG) Nr. 852/2004 des Europäischen Parlaments und des Rates vom 29. April 2004 über Lebensmittelhygiene

Anhang II Kap. IX Nr. 3

Lebensmittel sind auf allen Stufen der Erzeugung, der Verarbeitung und des Vertriebs vor Kontamination zu schützen, die sie für den menschlichen Verzehr ungeeignet oder gesundheitsschädlich machen bzw. derart kontaminieren, dass ein Verzehr in diesem Zustand nicht zu erwarten wäre.

Verordnung über Anforderungen an die Hygiene beim Herstellen, Behandeln und Inverkehrbringen von Lebensmitteln (Lebensmittelhygiene-Verordnung – LMHV)

§ 3 Allgemeine Hygieneanforderungen

Lebensmittel dürfen nur so hergestellt, behandelt oder in den Verkehr gebracht werden, dass sie bei Beachtung der im Verkehr erforderlichen Sorgfalt der Gefahr einer nachteiligen Beeinflussung nicht ausgesetzt sind. [...]

*»Man bekommt kurz vor Silvester teilweise so kleine put-
zige Marzipan-Schweinchen überreicht mit dem Spruch
›Viel Glück‹ und einem vierblättrigen Kleeblatt. Darf
man das noch im alten Jahr essen, oder bringt das Unglück? Mal davon abgesehen dass die meisten Schweinchen wohl einem Dasein als Staubfänger auf dem Regal
frönen, da sie ja ›sooooo süß‹ sind.«* Rudi G., München

In erster Linie bringt das Essen von Schweinen den
Schweinen selbst Unglück. Das bezieht sich jedoch auf
die real quiekenden Vorbilder, die dafür ihr Leben lassen müssen. Für die Esser kann dasselbe gelten, wenn sie
die Tiere im Übermaß verzehren. Denn nicht nur das
Schwein ist ein Allesfresser, sondern auch der Mensch
und überdies häufig auch noch ein Vielfraß, der zudem
große Ähnlichkeit mit dem Schwein aufweist, wie schon
Thomas Mann wusste: »Die bewimperten Blauäuglein
und die Haut des Schweines haben vom Menschlichen
mehr als irgendein Schimpanse – wie ja denn auch der
nackte Körper des Menschen sehr oft an das Schwein erinnert.«

Vielleicht auch deshalb erstreckt sich im Handwörterbuch des deutschen Aberglaubens der Eintrag zum Stichwort »Schwein« über 39 Spalten, ein Umfang, in dem sich
die große Rolle widerspiegelt, die das Schwein seit alters
her im Aberglauben spielt. Marzipanschweine werden
dort nicht erwähnt, jedoch etwas, das bei Ihrer Frage wei-

terhelfen könnte: ein sogenannter Anfangszauber. Im Alpenland etwa sollte man an Neujahr einen gesottenen Schweinsrüssel essen – anderswo nur Schweinefleisch – »damit man im kommenden Jahre immer Glück, Geld und Überfluss« habe.

Wenn Sie also dem Marzipanschweinchen magische Kräfte zugestehen, scheint es mir ratsam, sich an die Vorgaben dieses Zaubers zu halten und es am Neujahrstag zu verspeisen. Hier würde auch die Vorsicht raten, es nicht vorher zu tun, da der Aberglaube dem Schwein die unterschiedlichsten Wirkungen zuschreibt und es auch als Teufels- oder Hexentier angesehen wird.

Sehen Sie jedoch – wozu auch ich neige – in dem Schweinchen nur einen netten Gedanken, der sich an alte Traditionen anlehnt, spricht wenig gegen das Aufessen im alten Jahr, speziell wenn Sie Marzipan gerne essen. Zumal es dann in dieser Hinsicht sofortiges Glück schon fast garantiert.

*Literatur:*

Thomas Mann, Bekenntnisse des Hochstaplers Felix Krull, S. Fischer Verlag, Frankfurt am Main in verschiedenen Ausgaben.
Das Zitat entstammt dem Gespräch zwischen Felix Krull und Professor Kuckuck auf der Bahnfahrt nach Lissabon, in der Taschenbuchausgabe von 1965 ff. auf S. 211.

Unbedingt empfehlenswert ist das von Thomas Mann selbst gelesene Hörbuch, eine alte Aufnahme des NDR, als CDs erschienen im Hörverlag, München 2003.

Ludwig Herold, Schwein, in: Handwörterbuch des deutschen Aberglaubens (10 Bände). Hrsg. v. Hanns Bächtold-Stäubli unter Mitwirkung von Eduard Hoffmann-Krayer. Mit einem Vorwort von Christoph Daxelmüller, de Gruyter, Berlin / New York 1987, Bd. 7, Spalte 1470–1509 (das Zitat steht in Spalte 1485)

# Register